恐怖箱

呪霊不動産

加藤　一
編著

竹書房
怪談
文庫

※本書に登場する人物名は、様々な事情を考慮してすべて仮名にしてあります。また、作中に登場する体験者の記憶と体験当時の世相を鑑み、極力当時の様相を再現するよう心がけています。現代においては若干耳慣れない言葉・表記が登場する場合がありますが、これらは差別・侮蔑を意図する考えに基づくものではありません。

巻頭言

箱詰め職人からの御挨拶

加藤 一

本書『恐怖箱 呪霊不動産』は、瑕疵物件・事故物件に因んだ怪談集である。昨年、『恐怖箱 怨霊不動産』と銘打って、同コンセプトの実話怪談アンソロジーをお届けしているが、曰く付き物件はなかなか売り切れとはなってくれないものらしい。

人間は、三週間食べなければ死に、三日水分を摂らなければ死に、気温が暑すぎたり寒すぎたりする場所では三時間しか耐えられず、酸素がなければ三分で死ぬ。これはサバイバルに於ける三の法則と呼ばれるものだ。サバイバルでなかったとしても重要なことだが、これらをできるだけ快適に満たさなければならないのは日常生活でも変わらない。特に我々が生きていくに当たって、どうあっても避けられないのは「食べること」「温かくすること」そして「安全な場所で眠ること」だ。信頼を寄せすぎていて普段あまり意識することはないが、実家、自宅、自室はその最たるもの。我々にとって安寧のシェルター、縄張り、個人にとっての絶対領域と言っても過言ではない。

そこに、出る。彼らは臆面もなく遠慮会釈もなくこちらの都合など考えず、土足でズカズカと上がり込んでくる。或いは、自分だけの領域に先住者ヅラで居座っていたりする。

そうです。本作も、そんな招かれざる住人どもに纏わるお話をお届けします。

目次

イチオシです

春に職場の同僚と結婚することになった。

嫁さんになる人と新居を探す為に、同僚に休みを替わってもらった。

広さの割に手頃な賃料の一軒家がある、と不動産屋に聞き、早速見にいった。

外観を見たときに、ちょっと違和感を覚えた。はっきり言えば、少し嫌な感じがしたのだ。

玄関を開けたとき、人影が見えた。何人かいるようだ。他に内覧に来た人だろうか。

「僕達以外、誰もいませんよ？　鍵は僕が持ってるこれだけですし」

にこやかに笑いながら、不動産屋が言う。

ちょっと怖くなったので、ここではなく他を見せてもらおうと彼女と相談する。

「大丈夫ですよ」

不自然なくらい不動産屋は愛想が良い。

「皆、亡くなるのは地下室ですから、そこにさえ行かなければ問題ありません。塩とか盛っとけば大丈夫ですよ。何なら鍵、付けましょうか？」

満面の笑みで、いきなり何言い出すんだこの人。

気味が悪くなって慌てて外へ出る。

「倉庫広いから見ていってください。きっと気に入ります」

「家賃も更に安くします」

「地下室さえ入らなければ大丈夫です。自殺するのは皆あそこだから」

「今イチオシですよ」

尚も笑みを浮かべたまま言い募るのを振り切って、家に帰った。流石にこの日はもう他の家を見にいく気にはならなかった。

只々愛想良く、邪気のない笑顔の不動産屋が、ひたすらに怖かった。

8

洗い屋

マンションの退去後清掃、新築の引き渡し前清掃は、重要な仕事である。

新築なら、施工業者がそこにいた痕跡の全てを消さねばならない。中古や賃貸なら、前の住人の住んだ痕跡を一切拭い取らなければならない。そして、清掃が入った痕跡そのものを残してはならない。

そうした、体力と要領と経験がものを言う清掃のプロは、「洗い屋」とも呼ばれる。


野宮氏は新人を伴って、とあるワンルームマンションの清掃を行っていた。

新築物件ではなく、どことなく前住人の気配が残るような中古物件であった。

新人には、ガラス、サッシ周りを丁寧に磨くように指示し、野宮氏自身はキッチン、トイレ、バスルームを片付けていく。

煙草のヤニ痕、壁のくすみ、チリ一つどころか、指紋一つ残さず仕上げるのがプロの仕事である。一通り美装を行った後、最後はフローリングをワックスで仕上げて完了になる。

ワックス掛けの後は他の作業はできないので、ワックスに入る前に作業漏れがないかどうかを全て確認する。やり残しがあればクレームに繋がりかねないからだ。

と、バスルームの浴槽の壁に手で撫でたような痕を見つけた。

新人の仕事ならともかく、野宮氏自身が担当したバスルームでこんな初歩的なミスは有り得ない。手形は湿った手で触ったような痕になっていたので、タオルで拭って磨き上げた。

床のワックス掛けを終わらせ、作業漏れがないか指差し確認する。

配電盤のブレーカーを落とし、これで作業完了となった。

「先輩……ここ、何かヤバイっすよ。早いとこ鍵掛けて出たほうがよくないっスか」

新人が妙に施錠を急かしてくる。

すると、バスルームから〈ブウウウウン……〉という機械音が聞こえ始めた。

換気扇が回っている。

ブレーカーは、たった今、落としたばかりである。

「あの……ブレーカー……」

「まあ、はよ出てけ、っちゅうこっちゃろ」

こういう現場はたまにあるのだという。

大抵は、社に戻ると上長や社長が妙に優しかったりするそうなので、まあ〈そういうこと〉なのだろうとは思うのだが、洗い屋の分を超えた詮索はしないことにしている。

ただいまー

Mは飲食店を経営している。経営していると言っても、一人で切り盛りできるような小さな店だ。来るのは常連ばかり。しかしそのせいで話し込むことが多く、気付けば日付が変わることもあった。この日も忙しく、帰宅が遅くなってしまった。人気の消えた住宅街を一人歩けば、外灯がMだけを照らす。

自宅に着くまでの時間、明日の予定を考えながら歩く。すると背後に人の気配を感じた。夜中ではあるが住宅街だ。他にも人がいることは珍しくない。振り返りもせず歩いていると「パタパタ」と小さな足音が聞こえてきた。その足音は小走りで、Mの背中に近付いてくる。

妙な不安を感じて振り向くと、横を何かが通り過ぎた。そして、それはいつの間にかMの前を走っている。小さな子供だ。真冬にも拘らず、半袖半ズボンという季節外れの服装をしている。それが異様さを醸し出していた。身なりと髪型から見て、男の子だろう。こちらを向こうともせず、距離を保ちながら歩いている。

こんな深夜にたった一人。親らしき存在もいない。Mは思わず「僕、何をしているの？」と声を掛けた。その男の子はピタリと立ち止まり、振り向かず前を向いたままだ。

ただ一言「おうちに帰るー」と無邪気な声で答えた。その声は何故かMの耳元から聞こえた。

まるで口元を直接押し当てたように耳をつんざく。答えると同時に男の子はまた、小走りを再開した。そして、側にある電気の点いていない一軒家に入っていった。するとすぐに「ただいまー」と言う声が、先ほどと同じように耳元に響いた。「ここが自宅なのか」きっと抜け出しただけなのだ。そう思い、Mは門の前を通り過ぎた。しかし横目で家を眺めると、有り得ない物が視界に入る。それは「新築売り物件」という看板だ。真新しい木の香りがして、人の気配など感じない。Mは身体を震わせ、足早にその場を去った。

その後、その物件はすぐに買い手が現れた。購入したのは若い夫婦で子連れらしい。Mはそんな話を近所の人間から聞いた。そしてあの後ろ姿の男の子が頭に浮かび、「きっとその夫婦の子供に違いない」と得心した。

ある日その家の前を通ると、賑やかな声が聞こえてきた。庭には若夫婦と子供の姿が見える。けれどもMが見た男の子の姿はない。夫婦の子供は女の子一人だった。

あれからも真夜中の帰り道、あの家の前を通る。その度に屋根裏の小窓から、小さな男の子の顔が映り込むのが見える。ぺたりと窓ガラスに張り付き、じっとこちらの様子を窺《うかが》っている。しかし顔ははっきり見えない。

暫《しばら》くしてその家の前に「売り物件」の看板が立っているのが見えた。他に買い手が現れても、すぐに手放しているようだ。不動産屋も頭を抱えているだろう。

あの窓にはまだ、男の子が映っている。

睨み合う家

うん、そうだよ。新聞配達やって、かれこれ八年になるな。

怖い目に遭ったこと？　ないよ。そんなもんに気を使うほど暇じゃない。間違えて配達したら面倒だからな、集中してやってんのさ。

あ、一つだけ不思議な家があったな。訳が分からん家。見た目は普通の家だ。そんなんで良かったら話してやるよ。


俺が担当してる地区、途中にデカい工場があってな、まともな道を行くと結構な遠回りになるんだよ。

けど、工場の横にある裏道を通るとマジで五分違ってくる。工場の排水を流してる川沿いの道だから、結構臭う。だから誰も通らない道だ。

こちとら早く帰りたいから、そんなもん気にしねぇ。もっと早く、この道を見つけてたらって後悔したぐらいだ。

その道は川を挟んで左が工場、右が古い住宅地になってる。住宅のほうが先にあったんだよ。後から工場がやってきた。

臭い場所だけど、今でもみんな普通に生活してる。よくこんな所で暮らしてんなぁって、ちらちら眺めながら通るんだけどよ。

その住宅地に変な家があるんだよ。

二階建ての家。道から見えるのは、正面じゃなくて裏側、庭のほう。道のほうが位置が高いから、庭が半分以上覗ける。

何が変かって、毎朝その庭に家族全員立ってるんだよ。婆さんと夫婦と子供。子供は小学生くらいの男の子と女の子。

初めて見たときは、何も思わなかったんだけどな。よくよく考えてみると、新聞配達してる時間だぜ？　そんな朝っぱらから何してんだって話。

しかもだな、雨でも雪でも関係ない。どんな天気だろうと構わずに立ってる。傘もさしてない。せめてラジオ体操でもやってくれりゃ、こっちもああそうかってなるんだけどよ。

何もしねぇんだわ。何も。

で、だ。忘れもしねぇ、七年前の二月十四日。ちらちら雪が降ってたな。こんな日でも立ってるんだろうなって見たら、案の定だ。

ところがだな、いつもと違うことがあって。家族全員、自分の家を見てんだよ。こう、顔だけ上げて二階を見てる。

何見てんだろって。気になったから、バイク停めて目を凝らしてみた。

驚いたねぇ、二階の部屋に人がいたんだよ。窓越しに五人並んでるのが分かった。あれ、十人家族かよって思ったけど、何か違う。何か変だ。

庭にいる五人と、二階にいる五人、同じなんだよ。姿形も着てる服も同じ。

二階と庭とで、同じ人間が睨み合ってる。

訳分からんだろ？　見てたら頭おかしくなりそうで、慌てて逃げたよ。

配達所に戻ってから、ゆっくり考えてみた。

あの時間帯にいつも現れるから、庭に逃げてたのかな。

逆に、それまでは気配だけだったのが、今朝ははっきり見えてしまったのかも。

いや待てよ、庭にいた奴らと、二階の奴ら、どっちが人間か分からんぞなんて。


そういう家の話。

え？　その家族はどうなったかって？　分からん。いつの間にか引っ越してたから。

あ、でも今でも見られるよ。その家に越してきた家族は、全部そうなるから。

今住んでる奴らで、ひのふのみの、えぇと四つ目だ。

ぼちぼち、睨めっこするんじゃねぇかな。

家が

「ごく稀に……と仰いましたが、どれくらいの頻度なんですか？」

「ううん。数年に一回程度ですかね」

「それは多いですね……」


数年に一回、上野さんは自分が住むアパートを見失うことがある。

勤続二十年の職場の場所は変わらず、自宅と職場を繋ぐバスの時間も、バス停の場所も全く変わっていない。

それなのに、アパートを見失う。

そんな日はこんな予兆がある。


帰りのバスに乗り込むと、車窓の景色は完全にいつもと同じなのに、何処かいつもとは違うように感じる。

理由は分からない。

ああ、何かおかしいな、と感じる。

この時点から「もしかして、アパートがなくなっているかもしれない」と気が回ればいいのだが、初回の体験から一貫してそんな発想には至らない。

ただ、何処かがおかしい、という違和感だけがある。

バス停を降りると、妙な焦りを覚えてアパートに向かう足取りが速くなる。

何か良くないことが起きているような気がする。


アパートが本来ある場所に行くと、見たことのない武家屋敷がずらりと並んでいる。

いつからこんな街並みになったんだ、と呆然とした時点で「ああ、あれだ。数年に一度のあれだ」とようやっと思い至る。

来た道を戻ると、馴染みのコンビニがあり、そこで立ち読みをして時間を潰す。

頭がしっかりしてきた頃に戻ると、何の変哲もなく自分が住むアパートがある。

「世の中ってのは……」

「はい」

「曖昧ですよね」

上野さんはそう言う。

隣の

今から二十と数年前のこと。

当時、清原さんは二十代。紆余曲折あって始まった結婚生活は、やはり紆余曲折あって終わりを迎えた。離婚後、幾年か暮らした街と元夫に別れを告げた彼女は、人生の再出発を千葉で始めることにした。

独り暮らしの住まいとして選んだのは、三階建てのアパートである。

エレベーターのない三階建ての最上階の角部屋は上り下りが少々厄介だが、活力溢れる二十代の身体には特に苦でもない。

一階には持ち帰り寿司のテナントが入っており、角部屋に面した隣には割と広い駐車場らしきスペースがあったが、頻繁な出入りもないようで夜など静かなものだった。

とはいえ、越して間もない街である。近場に顔馴染みがいる訳ではなく、馴染みの店があるでもない。離婚から間もない一人の夜は寂しく、つい話し相手が欲しくなる。

突然の離婚について周囲に触れ回っている訳ではないが、事の次第を分かってくれる親しい友人には打ち明けてあった。

駐車場側に張り出した出窓の下に座り込み、壁を背にして携帯電話を握る。

もはや終わった結婚生活についての愚痴であるとか新生活への不安であるとか、長電話が夜半過ぎに及んでも、「うん、うん」と何ということもなく付き合ってくれる友人の存在は、独り身には心底ありがたかった。

知らず知らずのうちに、時間は零時を過ぎていた。

――ぱたぱた。ぱたぱたぱた。

頭上から音が聞こえる。

これは、以前住んでいた部屋で聞き慣れた物音でもある。

恐らくは子供の足音だろう。

幾人かの子供が追いかけっこでもしているようで、不規則に走り回る様子がありありと窺える。

『キヨ、どしたん?』

マシンガントークを途切れさせ突如押し黙った清原さんに、友人が問う。

「何か天井から足音がする。子供の足音」

が、そこで気付いた。

この部屋は最上階である。

アパートは三階建てで陸屋根《ろくやね》。手摺りの付いた屋上などはなく、そもそも屋根の上には出られない。そういう造りだったはず。

すると、今度は玄関の外から音が聞こえる。

――みしり。みしり。みしり。

外廊下を踏みしめて歩く、こちらも足音だ。

先の子供の足音よりもずっと重々しい。

廊下をまっすぐ、突き当たりの角部屋である清原さんの部屋を目指して近付いてくる。

「……何か外に誰かいる。来る。近付いてきてる。来ちゃう。もうそこまで。どうしよう。ねえどうしたらいい」

『大丈夫か、キヨ。そこ、ヤバないか？』

ただならぬ様子を汲み取った友人が、声を上げたそのとき。

――コンコン。コンコンコン。コンコン。

清原さんの頭上から音が聞こえた。

風ではない。木の葉や枯れ木が当たった音ではない。

鳥や虫でもない。

――コン。ココココ……コン。

誰かが出窓をノックしている。

三階の窓を。外から、だ。

カーテンが閉まっていたことだけが、唯一幸いだった。

が、もはや一睡もできず、電話も切れなかった。


翌日、〈霊感〉を誇る友人に相談してみた。

友人は、「オーソドックスに行こう。御神酒と盛り塩をするように」と言う。

シンプルなものに効果があるんだ、と信じてその勧めに従った。

玄関、件の出窓の縁、その他思い付く限り室内のあちこちに、小皿にこんもりと盛りつけた塩を供えて回った。御神酒も一緒に置いた。

しかし、塩はたった一晩で岩塩のようにカチカチに固まっていた。


程なく実家から報せがあった。

清原さんの母が、くも膜下出血で倒れた、という。

母の一大事に翻弄されるうち、清原さん自身も腎炎を発症した。

その他、些事から大事に至るまで大小様々な災厄が降り注ぐに至って、清原さんは早々にギブアップした。

『キヨ、その部屋がダメなんだと思うよ。越したほうがいい』

「……そうする」

元より、離婚の後に流れ着いた場所であり、こだわりはない。

友人の勧めに飛びついて、引っ越しを決意した。


短期間で続く引っ越しではあったが、事情を分かっている友人が車を出してくれた。

清原さんを心配した友人は、荷物運びも快く手伝ってくれた。

「色々あって大変だったろうけど、いつでも頼ってよ」

友人が隣の駐車場に車を駐めて、清原さんのささやかな家財道具を運び出していく。

駐車場から自分の部屋を見上げると、例のノックされた出窓が見えた。

(届くはずないよねえ……)

「しかし、隣に駐車場あってよかった。ここ、アパートの駐車場?」

「いや、そこうちのアパートのじゃなくて、隣の建物ので――」

言いかけて、改めて気付いた。

いや、気付かなかった訳ではなかったのだが、意識からすっぽりと抜け落ちていた。

微かに匂い立つ線香の香り。

駐車場を挟んだその先に、斎場があった。

そうか。それで。

22 土壁の埃

「自分の部屋が事故物件という訳ではないのですが……」

歯切れ悪く正樹さんは話した。彼は妻と離婚後、古いアパートで独り暮らしをすることになった。子供の養育費も考え、なるべく安上がりな場所を不動産屋に希望した。仕事は夜勤中心、帰って寝るだけの生活。

正樹さんの部屋は外階段を上がった二階、三つある部屋のうち真ん中にある。両隣はどちらも空室。風呂もない古い建物で、あまり借り手もいないのだろう。一階は全室、地元の工務店が倉庫として借りており、夜は空き家同然だ。実質アパートには正樹さんだけが住んでいる状態であった。多少寂しさはあるが、下も隣も気にしなくて良い生活には気楽さもある。住み始めの数日は第二の独身生活を満喫していたそうだ。

けれど夜勤明けで休日を楽しんだ夜、部屋で晩酌中に不可解なことが起きた。壁を背に向けて缶ビールを飲んでいると、隣から「バン……バン……」と何かを叩きつけるような強い音が聞こえてきたのだ。加えて振動が背中に伝わり、土壁の砂がパラパラと落ちる。両隣に住人はいるはずがない。それは不動産屋や大家にも確認済みだ。

反射的に立ち上がり、身体を土壁に向かい合わせた。暫く音は続き、次第に止んだ。すると今度は逆側の壁から「コツ……コツ……」とゆっくり、何かが壁に当たり擦れる音が鳴り、壁が小さく震えるのが分かった。正樹さんは不審者でも侵入したのかと警戒し、壁をじっと見続けた。そのうち音は止まり、アパート内は静寂に包まれる。音が鳴った両端の壁近くの床に、振動で落ちた土壁の砂が溜まっていた。それを見て、その日は何かが襲ってくるのではないか、そんな不安で一睡もできなかったそうだ。それから翌日の夕方まで何も異常はない。「缶ビールを飲み過ぎた」と自ら言い聞かせ、夜勤へ向かった。

しかし夜勤明け、アパートへ戻ると再度不安が募った。部屋の土壁の砂が床にびっしりと溜まっていたからだ。

——きっと自分がいぬ間に、またあの音と振動が起きたのだ。

正樹さんに先日の恐怖が蘇った。自分の部屋は事故物件だったのでは。そんな疑問が浮かび、正樹さんは大家のところへ問い詰めに行くことにした。

大家に先日の出来事を話すと、「あなたの部屋ではないけれど……」とバツの悪そうな顔をしながら、以前ここに住んでいた住人達の話をした。

それは正樹さんがあのアパートへ住む、数年ほど前。二階の部屋全て、ある二人の親子が借りていた。両端の部屋はお互いの寝室に、現在正樹さんが住んでいる真ん中の部屋を、親子の共同スペースにしていた。かなり長い間借りてくれた良客だった。しかし加齢の為、母親の認知症が進み、親子の生活は一変する。息子は母親の介護の為、仕事を辞め、生活も苦しくなった。そのうちストレスの捌け口を母親に向けるようになり、大家も何度か止めに入ったそうだ。

ある日、大家が親子の様子を見にいくと凄惨な状況が視界に入った。母親が自らの部屋で頭から血を流し、息絶えていたのだ。強く頭を打ち付けられたのか、壁は血に塗れていた。

それが誰の仕業だったのかはすぐに分かった。階下の工務店の人間に同行してもらい、恐る恐る息子の部屋へ入ると、壁のほうを向いて首を吊った息子の姿があった。ユラユラと揺れた身体が、壁にコツコツとぶつかり、擦れていたのが印象に残っていると大家は話した。

それから件の二部屋ではない、トラブルのなかった真ん中の部屋だけを貸し出した。しかし、住人が決まってもすぐ出ていってしまう。理由は正樹さんが体験した通りだった。


正樹さんは今でもこの部屋に住んでいる。帰宅後、まず最初にやるのは、床に落ちた土壁の砂を片付けることだ。

「それ以外は特に気にしないようにしています。家賃も安いし養育費のほうが大事ですから」

彼はそう話した。

動く肌色

真澄さんは在宅で仕事をしている。

部屋はマンションの四階。ベランダに出る掃き出し窓の近くに、机を置いている。仕事の合間に、外を眺めることが多い。

向かいには道を挟んで、三階建てのアパートが建っている。三階建ての一軒家の横にそのままアパートがくっついた造りの建物で、二階と三階に賃貸用の部屋が二部屋ずつあった。

三階の彼女の部屋から見て、向かって右側の部屋に若い男性が引っ越してきた。ベランダで煙草を吸っているのを何度か見かけたことがある。細身で背が高く、顔の作りも悪くない。

ポストは一階にあり、その男の名字を知った。『山本』と言った。

山本が出てくるベランダの窓は、すりガラスになっている。部屋にカーテンは付けていない。真澄さんの部屋からすりガラス越しに、中の人の動きが分かる。覗くつもりはないが、見えてしまうのだから仕方ない。

彼は気にしていないようで、週末になると女性を連れ込んだ。すりガラス越しに肌色が動くのが分かる。

　うっかり見てしまった真澄さんは、気分が悪くなったが、回数が増えるにつれ慣れてしまった。

　暫くすると、ベランダで見慣れない女性と山本が煙草を吸っていた。今まで来ていた女性と違い、眼鏡を掛け個性的な服装をした人だ。煙草を吸い終わると、二人は部屋を出た。そして駅のほうに向かって歩いていった。

　無人になった部屋の中で、肌色のものが動いている。まだ誰か部屋に残っているのかもしれない。

　その後も、すりガラス越しに見える肌色の回数は増えた。


　半年以上経ってから、やっと部屋に茶色のカーテンが付けられた。丈を測り間違えたらしく、床まで数十センチ足りない。

「山本君、ほんとにダメダメだな」

　カーテンが付けられてから間もなく。平日の昼間に、年配の女性が山本の部屋のベランダを掃除していた。散らばる煙草の吸い殻を、丁寧に片付けている。

　年配の女性が部屋を片付けに来てからすぐに、山本の部屋は空になった。

　山本の部屋はその後も、長い間空室のままだった。

無人になった部屋のガラスの窓越しに、肌色の何かが動いているのを何度か見かけた。

「山本君が引っ越してくる前って、あの部屋どうだったっけ」

ずっと白いカーテンが閉められていた。一度も窓が開いているのを見たことがない。風呂場かトイレ用と思われる小さなすりガラスの窓に、肌色の顔のようなものが見えることがあった。それで人が住んでいると思っていたが、夜間に明かりが点いているのを見た覚えがなかった。

そのときになって、真澄さんは今までも見ていたものが、山本と彼女のそれだったのか分からなくなった。

リンケージ

舘さんはとある地方で怪談を蒐集している。彼は若い頃から心霊スポットを訪れるのが趣味で、彼自身が〈視える人〉でもある。

これは最近知り合った、佐藤という骨董品屋から聞かせてもらった話だという。

佐藤さんは、若い頃に線路沿いのアパートに住んでいた。辛うじて風呂トイレ別という2Kのアパートだ。築半世紀近い物件だったが、ただ寝に帰るだけの場所だったので、古さは気にならなかった。

二部屋ある片方は、荷物置き場にしていた。

ある日、体調を崩して家で寝込む羽目になった。

――そういえば、昼間に家にいることはめったになかったな。

独り暮らしはこういうときに困る。

天井を見上げながら、ぼんやりとそんなことを考えていると、隣の部屋から女の子の声が聞こえた。

きっと外の何処かで話している声が、家の中まで響いて聞こえているのだろう。

その声は誰かと会話していた。声の様子から察するに、小学校低学年くらいだろう。

翌日も病床でだらだらしていると、隣の部屋から同じ声が聞こえた。

ただ、その日は平日の午前中だった。小学生なら学校に行っている時間帯だ。

病気が治って以降も、仕事に行く前に声が聞こえることがあった。

気にし始めると気になるものだ。どうやら毎日声はしているらしい。ただ時間は決まっていない。いつも同じ女の子の声だ。

毎度内容は分からないが、誰かと何か会話をしている。

佐藤さんはいい加減気持ち悪く思えてきた。とにかく誰かと喋っているなら、相手もいるはずだ。しかし、窓から外を眺めてみても、女の子の姿も、その相方の姿も見えない。

何度かアパートの部屋を出て、周囲をうろついてみたこともある。だが、それらしい姿はなかった。

——やはり、隣の部屋に何かがいるのだ。

骨董品を扱うという職業柄、不思議なことに出会《でくわ》すことはある。しかし、自分の生活空間にそれが現れることは想定外だった。

思い切って隣の部屋との間の襖を開ければ決着が付く話だというのは理解している。しかし、それが怖くてできない。

できないままひと月経ち、ふた月が経った。

ある夏の夕方、佐藤さんが部屋で納品書を書いていると、背中越しに気配がした。

背中側には隣室との襖がある。

彼は恐る恐る振り返った。音もなく襖が開いたのではないかと疑ったのだ。

そこには小学校低学年の女の子が立っていた。

体操着を着て、紅白帽のゴムを首に掛けている。

その子が網戸になっている窓のほうを指差した。

佐藤さんの身体が小刻みに震え始めた。

全身が固まったかのように女の子から目が離せない。全身の肌にじっとりとした汗が滲む。

その間、女の子は身じろぎもせず、ずっと外を指差している。外と言っても、そちら側の窓は線路だ。

——何か伝えたいことでもあるのか？

女の子が見せたいものに興味がある訳ではないが、このままずっと居座られるのも困る。

網戸を開き、上半身を乗り出す。

当然ながら、そこには線路が伸びているだけだ。ローカル線で、あまり列車も通らない。

すると、真後ろにいるはずの女の子が、線路上に立っていた。

驚いて振り返ると、部屋に女の子はいない。

再び線路上に視線を向けると、女の子は線路の上を外れ、ある建物のほうに向かって小走りで移動を始めた。

女の子は走る速度を落とさず、その建物の壁を突き抜けて姿を消した。

「——その建物って、もしかして、スーパーマーケットじゃないか？」

舘さんは佐藤さんの話を聞きながら、何か引っ掛かるものを感じていた。

この話に近い内容をつい最近耳にしたのだ。


——あそこで人死んでるし。

そうだ。最近仕事で一緒になった明日香さんが、そんな話をしていたのだった。

「佐藤さん、そのスーパーの裏で、子供と母親が列車に飛び込んだ話って、聞いたことない？」

佐藤さんは初耳だと答えた。

なら、その子はその近辺の家々を転々としているというのだろうか。

「ちょっと最近仕事で一緒になった人が教えてくれた話があるんだわ——」

舘さんはその話を佐藤さんに語り始めた。

明日香さんは幾つかのスーパーで万引きGメンをしている。

万引きGメンという仕事は、基本的に二人組で業務に就くことになっている。片方が監視カメラ越しに指示を出し、もう片方が挙動不審な人物に張り付くという仕事だ。

明日香さんがそのスーパーで働き始めた初日から、監視カメラを見ているときに、時折不思議なことが起きているのに気が付いていた。

誰もいないはずのバックヤードのドアが開いたり、誰も触っていないカートが二台同時に動いたりと、特に害はないが首を傾げるような現象だ。

——何これ。

一体何が起きているのだろう。

彼女はもやもやしたものを抱えながら、休憩を取る為にバックヤードへと向かった。

すると、壁際に小学校低学年ほどの年頃の女の子が立っていた。

「あれ、あなた学校——」

声を掛けるとすっと消えた。

変なものを見てしまった。この仕事に就いて初めてのことだった。

驚いたが、その日はそれ以降、変なことは起きなかった。

明日香さんの担当している店舗は、他にも幾つかあり、シフトによってローテーションになっている。

翌週もシフトが回ってきたので、同じ線路沿いのスーパーへ向かった。

その日は、何故か例の女の子のことを他人に言いたくて堪らないという、奇妙な衝動が湧き上がって仕方がなかった。

明日香さん自身は、そんな気持ちの悪い話をしたくもない。にも拘らず、とにかく女の子の姿を見たと口に出したくて堪らない。何なら語り合いたいという衝動が波のように湧き上がった。

結局彼女は休憩時間に、一人の従業員にポロッと漏らしてしまった。

「このお店、何か女の子いない？」

「いるよ。ほら」

従業員が指差したほうに視線を向けると、確かにそこに女の子が立っていた。

体操着を身に着けている。紅白帽を首に引っ掛けて吊るしている。

ぎょっとして暫くそちらに視線を向けていると、女の子はすっと消えた。

「何なのあれは!?」

明日香さんが取り乱すと、従業員は事もなげに言った。

「いや、あたしもよく知らないけど、カートが動いたりするのはあの子のせいだよ。ずっといるんだ。ポルターガイストみたいなものじゃないの」

「え、幽霊ってこと？」

明日香さんが訊ねると、従業員は困ったような顔をした。

「そうなのかな。あの子が出るときには、お菓子コーナーの菓子が散乱したりするんだよ。だからあまり好かれてはいないけど、ずっと昔から居着いているし、特に大きな悪さはしないから、明日香さんもそういうもんだと思ってて——」

従業員は慣れているのか、当たり前のようにそう言ったが、明日香さんとしてはその態度自体が不思議で仕方がなかった。


「で、明日香さんが、別のシフトの日に、またバックヤードでその子を見ちゃったんだよ。別に特に何かされたりとかは全然なかったらしいんだけど」

舘さんは黙って聞いている佐藤さんに続けた。

「その子は明日香さんに背中を向けて突っ立ってたから、彼女もそれをじっと観察してたんだと。そうしたら、その女の子、腕を持ち上げて、ずっと壁のほうを指差してるんだって」

「俺のときと同じじゃないですか！」

「同じなんだよ。だからそうじゃないかなって思って、この話をしたんだよ」


女の子がじっと指差していたのは、時間にして一分かそこらのことだった。

そしてパッと消えてしまったのだ。

「その子が指差してた壁の向こうってさ、線路なんだよ。さっき言っただろ。そこ、親子が飛び込みで心中してんだ——」

舘さんは、元々その線路際には〈出る〉と知り合いから聞いていた。
雨の夕方には、親子で立っているらしい。
その二人は今でも消え入りそうな姿で、線路側に寂しく佇んでいるという。

鼻

愛奈さんが大学生の頃というから、今から約三十年も前の話である。

彼女は当時、学内のテニスサークルに所属していた。

サークルと言っても、遊びのイベントや飲み会が極めて少なく、大学対抗戦で優勝を目指す本格派であったそうだ。

大学三年に上がって間もない頃。

同じサークル仲間である美緒さんから、妙な頼み事をされた。

一泊でいいから、彼女が借りている部屋に泊まってほしいという。

美緒さんとは同級生で更に同じ学部でもあったが、顔見知り程度の仲で、家に泊まりにいく程の関係ではない。

しかもその日、愛奈さんは練習後にコーチから用事を頼まれ、帰りが皆よりも遅くなっていた。更衣室にはもう誰もいないだろうと思っていたが、扉を開けてすぐ、椅子に座る美緒さんの姿が目に入ったという。

彼女は愛奈さんが更衣室に入るや否や、先ほどの頼み事をしてきたのだ。

まるで、愛奈さんを待っていた、と言わんばかりの様子である。

美緒さんにも親しい友人はいた。ましてや、厳しい練習が終わった後だ。彼女も疲れているのは、容易に想像できた。

それなのに何故、時間を割いてまで、私にそんな頼み事をするのだろう。

若干、不審に思い返答に窮していると、それが伝わったのか、美緒さんが理由を語り始めた。

三年に上がる前の春休み、美緒さんは女子専用の学生会館を出て、ワンルームアパートに引っ越した。

初めの頃は、とても快適に過ごしていたそうだ。大学に近いという利便性、何よりも門限もなく、食事や風呂の時間も決まっていないという自由を満喫していた。

ところがここ最近、同じアパートの住民から苦情が何度も来ているという。

その内容は、夜中に騒がないでほしい、とのことであった。

友人は数回呼んだことがあるが、苦情が来る程騒いだ覚えはない。そして皆、夜中になる前に帰っていた。

憤慨した美緒さんは、苦情を訴えてきた住民の一人に、その旨を伝えたそうだが、「大勢じゃなく、あなただけの声よ」と言い返されてしまったらしい。

夜中に「大変！」だの「もう少し、踏ん張ってみて！」だの、とにかく喧しいことこの上ないと、益々怒らせてしまったようだった。

美緒さんは困惑し、他の住民にも訊いて回ったが、返ってきた答えは全員同じであった。

騒ぎ声が聞こえるのは決まって夜中の二時過ぎ。その時間、彼女はいつも熟睡している、はずだった。

もしかすると、自分は夢遊病かもしれない。

全く記憶にないが、寝ている間に一人で騒いでいるとしたら――。

追い詰められた美緒さんは、そこまで考えるようになってしまったそうだ。

「だから、お願い。うちに泊まって、私の様子を見てほしいの」

仲の良い友達には、頼み難いらしい。

それなら、自分の寝ている姿を撮ればいい。うちの親が持っているビデオカメラ貸そうか。

――という言葉が出かかったが、愛奈さんはそれを飲み込み、明日ならばと承諾した。好奇心には勝てなかったからだ。

翌日、約束通り愛奈さんはサークルでの練習後、美緒さんと一緒に彼女の部屋へと向かった。

アパートは思った以上に大学から近く、閑静な住宅街に位置していた。

部屋は二〇三号室。アパートの前に建っている家は平屋で、昼間であればさぞかし日当たりの良い物件だろうと予想できる。

外観は築年数の古さを物語っていたが、部屋は水回りも含めリフォーム済みであった。清潔感に溢れ、八畳の部屋にはベッドと小さなドレッサー以外に、可愛いソファとテーブルも置かれている。当時まだ親元に住んでいた愛奈さんは、その部屋を見て羨ましく感じたという。

夕食は、来る途中で買ってきたコンビニの弁当で済ませた。

最初は彼女と二人、何を話せばいいのか戸惑っていたが、同い年ということもあり会話は自然に弾むようになっていった。

気が付けば、既に夜の零時を回っている。美緒さんが寝るベッドの横に布団を敷き、その布団で愛奈さんは眠りに落ちたそうだ。

「ちょっと、大変！　今すぐ起きて！」

疲れもあり、ぐっすりと眠っていた愛奈さんであったが、突然大声で呼びかけられ驚いて飛び起きてしまった。すると、いつの間にか部屋の灯りが点いていた。

「いきなり何よ。折角寝て……」

飛び起きたといえども、寝起きである。頭が回らない状態で、美緒さんを諫《いさ》める言葉を口にしたが、途中で止まった。

「は？」

部屋の壁からは女のものと思われる、色白でほっそりとした腕が、にょっきり生えていた。

あたかも、外側から腕だけが壁を突き抜け、部屋の中に出ているかのような状態であった。

美緒さんはその腕にしがみつき、「この象の鼻、押し返すから早く手伝って！」と叫んでいる。

どうやら彼女には、女のものらしき腕が、象の鼻に見えているようだ。

愛奈さんが絶句する中、美緒さんは力を入れて押し返しているのか、次第に真っ赤な顔になってきた。

と、次はその女の腕の先にある掌がくるりと回転し、美緒さんの腕を掴んできたのだ。

「あああああ、ははは早くし、しないと、ぞ、象が、しししし死んじゃうううぅ！」

腕に掴まれた途端、彼女の口調はおかしくなり、もはや絶叫と化した。

やがて、美緒さんの口からはだらだらと涎が垂れ始め、眼球の黒目はじわじわと肥大化していった。

もう、限界だった。

愛奈さんはまだ叫び続けている美緒さんを置いたまま、一目散に外へと飛び出し、走っていたタクシーを拾ったそうだ。


この日以来、美緒さんはサークルの練習にも顔を出さず、学内でも彼女の姿を見かけることはなかった。

愛奈さんが美緒さんの友人に聞いたところ、彼女は体調を崩し大学を辞めて田舎に帰ったとのことだった。

「実はあの部屋から逃げ出した際、アパートに住んでる人達がドアの前に集まってきてたんです。あのとき、その人たちから事情を訊けば、何か分かったんでしょうけど……」

余裕などなく、逃げるだけで精一杯であった。

加えて愛奈さんは、あの一件がトラウマとなり、二度とアパートに近づくこともなかった。

だから未だに、あの部屋が事故物件であったかどうか、また何故女の腕が美緒さんには象の鼻に見えていたのか、理由は全く分からないという。

べからずの家

憧れのビルトインガレージ付きマイホームを、ついに手に入れた田中さん。

だがそのガレージのシャッターを、完全に下ろしたままにしてはならない。その理由は――。

「家を建てた当時から、ガレージの照明がちょっとおかしかったんですよ。頻繁に、スイッチが勝手に落ちるんで、業者に確認させたんだけれど問題はない。でも終いには、突然電球が破裂したように割れることが何度も続いて、流石に気持ち悪くなって。そしたらカミさんの妹が家に遊びに来たとき、こんなことを言ってきたんですよ」

田中さんの義妹さんは、彼曰く「不思議系女子」。

「一緒に出かけると『ここ空気が重いね』とか、『あそこに立っている人、人間じゃないね』とか言っちゃうタイプの子なんです。その義妹が、うちのガレージを見て『ヤバいね』って言ったんです。『空気が澱んでいる。電気に異常が出ているのもそれが原因だ』って」

「あれの周りが、一番黒く見えるよ」

義妹が指差した先を見て、田中さんは「さもありなん」と納得したという。

その場所に保管していたのは、知人から譲り受けた大切なバイクだった。

「H社製の、所謂《いわゆる》『旧車』って奴ですよ」

若くして病で他界した以前の持ち主が、「バイクを愛している人に譲ってほしい」と言い残し、縁あって田中さんの許にやってきたバイクであった。その思いの強さを、田中さんもよく熟知していた。

「シャッター閉めっぱなしだと、息苦しいんだよ。きっと」

義妹の助言に従って、ガレージのシャッターを開放するよう心掛けた。外出時や夜間も、全部は閉めずに最低三十センチは下方を開けておく。

「シャッター付けた意味ないですけれど、あのバイクの為のガレージでもありますから」

以来、ガレージに異変は起きていない。


「一段目は飛ばして上がってね」

結婚した年のお盆に、サクラさんが御主人の実家に赴いた際、お姑さんからそう告げられた。

階段の最初の段に、足を掛けてはいけない。一段飛ばして上がるようにと。

「木が傷んでいるの？」

木造二階建ての義実家は、築年数が四十年近いと聞いていた。見た目には分からなかったが、木材部分が古くなって危険な状態なのかと訊ねると、

「うん、まぁそんなとこ」

何故か言葉を濁し、軽やかに階段を一段飛びで二階へと上がっていく御主人。

結婚前に挨拶に来たときには日帰りだったので、二階に上がることはなかった。かつて御主人が使っていた二階の部屋に、今回は数日宿泊するので、サクラさんがその家の階段を使うのは初めてのことだった。万が一、踏み抜いたりでもしたら大変だ。怪我の心配よりも、嫁が義実家を破壊してしまうなどという事態は何としても避けたいと、階段の利用には極力気を配った。

だが結婚三年目に義実家を訪れた際、サクラさんはお腹にお子さんを宿していた。寝泊まりは一階の客間を使うように言われたが、二階に用があり階段へと向かった。前回とは異なり、階段よりもお腹を気遣って、一段目を飛ばすことなく静かに足を掛けた。意外にもギシリともミシリとも音がすることはなかったが――階段の二段目に足を掛けようとした瞬間、一段目に残していた右足に「見えない何か」が、ふいと触れた。

驚き慌てて御主人に報告すると、

「だから飛ばせって言っただろう」

決まり事を守らなかったお前が悪い、と責められた。

「階段の一段目を使うと、たまに何かが足を触ってくるんだよ。昔うちで飼っていた、ベスだろうってお袋が」

そんな訳がない。お姑さんのかつての愛犬は、ポメラニアンだと聞いている。だが触れた「何か」は、もふもふとした毛並みなど感じなかった。つるりとした肌質、そして足首を掴まれたような感触。あれは「人間の手」だった。

サクラさんが幾ら訴えても、義実家一同口を揃えて、「触ってくるのはベス」だと言い張る。

「でも大切な愛犬だとしたら、どうして階段を飛ばして避けようとするんですかね？　喜んで懐いてもらえばいいじゃないですかね」

結婚当初は承諾していた「いずれは同居を」の提案を、何とか白紙に戻したいというサクラさんであった。


ミチカさんが新しく引っ越し先に選んだのは、五階建てマンションの四階、東南角部屋の一室だった。

「在宅で請け負っていたＷｅｂデザインの仕事が軌道に乗ってきて、日中も自宅で過ごすことが多くなったから、できるだけ日当たりのいい部屋がいいなと思って」

念願通り、自然光が豊かに差し込む理想の１ＤＫを借りることができた。

だが、その部屋で暮らし始めてから半年、本来なら燦々《さんさん》と朝日が差し込む東側の窓は、常に厚手のカーテンをしっかりと閉めておくことに決めた。決して薄手のレースのカーテンだけにしておいてはいけない。何故なら、

「時々カーテンが、人の顔型に盛り上がるんですよ。まるで『デスマスク』みたいに」

まず最初に、窓を開けてもいないのに、東側のレースのカーテンが、ふわりと揺れたと感じ

ることが幾度かあった。

そしてある日、カーテンが揺れた瞬間を目の当たりにした際、それが人の顔の形であったことに腰を抜かした。まるでレースのカーテンの裏から、誰かが顔を押し付けているような凹凸が布地に浮かぶ。そしてその顔は、すぅっとカーテンの裏側を滑るようにして横切ったかと思うと、一瞬で消えてしまった。

若干エラの張った骨格からして、男性の顔であろう。閉じられた目と口からは、感情は読み取れない。友人知人とは一致せず、全く見覚えのない無個性な顔。

目撃した数回ともほんの一瞬の出来事だったし、浮かんだ顔に憎悪や怨恨の念は感じられなかったが、油断しているときに目にしてしまうと、どうも心臓に良くない。

なのでその窓だけは、昼夜問わずレースのカーテンだけでなく、厚手の生地のカーテンも閉めることにした。引っ越し時に奮発した、防炎・遮光・断熱効果のある高機能のドレープカーテンだ。

「分厚くて重みのある生地のおかげで、それを閉めておけば浮かばないんですよ。顔が」

いっそのこと、レースのカーテンも閉めないでおけばいいのではないか。そうすれば折角の陽射しもカーテンで遮られないし、顔が浮き出ることもないだろうに。

「イヤですよ。カーテン越しならまだしも、リアルな顔が窓に張り付いていたらどうするんですか」

幸か不幸か、ミチカさんの在宅の仕事はその後暗礁に乗り上げ、企業に就職する流れになったので、日が高いうちに帰宅することもなくなり、カーテンは閉めたままでもさほど問題はないという。

ミチカさんと顔の同居は、未だに続いている。

ナミさんの実家の裏手の家の話

菅谷君が大学院生時代に体験した話。

「当時暮らしていた実家の裏手に、ちっちゃな平屋があってね。わたしの部屋は二階だったから窓越しに、盆栽が三つ置いてあるだけの小さなお庭とか、そのお庭に面した畳敷きの部屋の様子とかを時々、覗き見てたりしてたのね」

深夜一時近く。菅谷君がコンパで知り合ったナミさんという女性を自室に呼び込み、事を終え寝室のベッドで二人して裸に限りなく近い格好で並び寝そべっていた際に、先のような調子で突如ナミさんは自身の過去を語り始めたのだという。

「その日は平日だった。なのにどういう事情だったのか学校が早い時間に終わって、わたし午後一時くらいに家に着いて。それから部屋に戻ってすぐ着替えようと、カーテンを閉めに部屋の窓辺に立ったんだ。そうしたら裏手の家の部屋の中に、横たわった女の人の下半身が見えてね」

柄物の開けたスカートから、肉付きの良い白い肌をした女性の下半身だけが、ナミさんの位置からは見え、上半身の側は障子で隠れていたそうだ。

「裏手のお家はお年のいった御夫婦が二人きりで暮らしていたの。だから横になっていたのは奥さん。腰を悪くしているらしく、いつ見ても何というか、ぎこちない動作をしている人だったわ」

さらさらとした緩い風の吹く長閑《のどか》な昼下がりだったこともあり、ナミさんは最初はただ気持ち良く昼寝してるだけだろうと思ったそうである。

ところがそのまま何時間かが過ぎても、奥さんの体勢に変化が見られない。とっぷりと日が暮れた午後八時近い時刻になろうともそれは同様だった。

「もう察しが付いたと思うけど、その奥さん、わたしが昼過ぎに見かけたときには既に死んでいたんだよね。死因は突発性の心臓発作とか何とかだったかな。夜中近くになって旦那さんのほうが帰宅して大騒ぎになって、その後は夜中から明け方近くまで裏手のお家が慌ただしく騒がしかったなぁ」

ナミさんにとってその裏手の家の住人は、窓辺からこうして時々見下ろし、一方的に観察する以上の関係があった訳ではなかったのだが、それでもこのときばかりは流石に心を痛めたそうだ。

「その日から裏手のお家の中は当然、旦那さんが一人きり。奥さんが亡くなった日を境に、明らかに活力みたいなものが失せちゃった感じで、わたし子供心にも人生の侘しさとか無情さみたいなものを感じずにはいられなかった」

日を追う毎に裏手の家自体も荒《すさ》み始め、半年も経つと知らない人間が目にすれば廃屋と思われても仕方のないような、どんよりとした有様になってしまったらしい。

「庭なんか、今のわたしの胸元くらいの高さまで草ぼうぼうになってた。……でね。それくらいの頃なんだけど、わたしが何気に裏手のお家に目をやると、死んだはずの奥さんがどういう訳か、お部屋の中にいたことがあったの」

勿論最初は見間違いと思ったそうだが、そのまま十数秒ほど観察し続けても、やっぱりそれはどう見ても奥さんの姿、形をしていたのだという。そして更にその後も同じように奥さんの姿を目にする機会が、二度三度と続いたのだそうだ。

「旦那さんは奥さんのこと全然見えていなかったみたい。だって夜間にお部屋の中で呆けた感じにただ座っているだけの旦那さんのすぐ脇で、奥さんは腰を曲げて屈み気味に小一時間ばかりピクリとも動かずにずっと立ち続けているだけ、みたいなことがあったんだけど、全く気付いている様子なかったし」

ただ立っているだけではなく、奥さんは動いていることもあったそうだ。

「さっき言ったかしら？　その奥さん生前からどこかぎこちない動きをしていたんだけれど、そのぎこちなさがより誇張された感じで、縁側沿いの廊下をネジを巻いて動く古い玩具みたいに行ったり来たりしていたわ」

——と、ナミさんはこの裏手の家の件をきっかけに、自身が所謂〈視える人〉だと認識するようになったのだと、過去の話を締めた。

そして――。

「だからね。未だに、わたしそういう霊的なモノを意図せず目にしちゃうことがあるの。……でね、菅谷君。このマンションなんだけど、わたしその場では黙っていたんだけど、さっき一緒に下のエントランスを通り抜けたとき、右手の端っこにある非常階段の近くの暗がりで……」

菅谷君は構わずその後も、同マンションにそのまま数年住み続けたという。

〈自分の部屋にて〉

アラカルト

パソコン

どれだけ楽しいことがあればそれほどの顔つきになるのか、と言いたくなるほどの満面の笑みを浮かべた老婆が、消えたパソコンのモニタに映っていることがある。

物音

深夜、クローゼットの中からがさごそと音がする。開けると何もいない。逃げ足の速いネズミか虫の類かと思ったが、ある日、中の物を全て出してみたところ、クローゼットの奥の隅に誰がいつ設けたのか分からない、ひとつまみ、ふたつまみほどの盛り塩があった。小皿ではなく、床に直接盛られていた。

ごろん

寝返りを打つのが嫌いだ。

寝返りを打つと、横で寝る人の身体にどんと当たる。

独り暮らしなのに。

共存

きつい香水の匂いがふっと鼻を衝く瞬間が頻繁にある。

先住者はキャバクラ勤めの女性で、ここで自殺したとはかねて聞いている。

消灯

夜、寝ようとして蛍光灯を消した。

「これで真っ暗だね」

と囁《ささや》く男の声が耳元であった。

屋根の上

今回は職場の同僚、浅羽さんを通じてこんな話を聞くことができた。

浅羽さんには、大助さんという最近結婚したばかりの弟がいた。

話は、その大助さんの新妻である優良《ゆら》さんの実家で、過去に起きた出来事だという。

ただ、優良さんは話を本に載せることは許可してくれたが、昔のことはあまり思い出したくないらしく、内容自体は夫である大助さんが語ってくれた。


今から十年以上前、優良さんがまだ高校生だった頃の話だ。

彼女の実家はI県にあり、近所で食品加工の工場を営んでいた。

優良さんの祖父が社長、祖母が副社長、更に彼女の父親とその弟である叔父がそれぞれ重役に就いて会社を回している、典型的な家族経営だった。

小さな町の中では名のある会社で、経営も好調だった。しかし、優良さんが高二に進級した頃、実家である事件が起きた。

優良さんの実家は古いが、大きくしっかりした作りの二階建て日本家屋だった。

一階に祖父と祖母、二階に優良さんとその両親、そして叔父夫婦がそれぞれ住んでいた。実家の敷地は広く部屋数も多かったので、祖父や叔父の夫婦らと一緒に暮らしていても、優良さんはそれほど窮屈さを感じなかったそうだ。

しかし、優良さんが住んでいた時点で実家は築六十年を超えており、幾度かリフォームを繰り返したものの、あちらこちらにガタが来ていた。

また古い作り故の不便さも、若い優良さんや叔父さんの奥さんも不満に思っていた。

ただ幽霊や妖怪など、怪談系の話は全くなかったという。

あの日までは。


それは良く晴れた春の日曜日、昼間の出来事だった。

優良さんが二階の自室で勉強をしていると、家の上方から叫び声のようなものが聞こえてきた。同時に、今度は庭に何か大きな物が落ちたような凄い音が響いた。

驚いた優良さんが慌てて窓から下を見下ろすと、庭で作業着を着た祖父が仰向けで倒れていた。どうやら祖父は、屋根から庭に転落してしまったようだった。

「お爺ちゃん!?」

優良さんは祖父の惨状を見て驚き、大声を上げる。

庭にはすぐに祖母がやってきて、夫の状況を把握すると「救急車を呼んで!!」と家の中に向かって叫ぶ。

運の悪いことに祖父は、庭に置いた金属製の大きな工具箱の上に落ちたのだ。

優良さんの両親と叔父も、祖母の声を聞いて慌てて庭にやってきた。

そして少し遅れて下に降りてきた優良さんは、祖父の痛々しげな姿を見て言葉を失った。

「下手に動かさないほうがいいかもしれん」

優良さんの父親は、携帯電話で一一九番に掛けながら祖母に言う。

「親父、だから業者に頼めと言ったのに。幾ら元気で器用でも七十過ぎた素人が、一人で屋根の修理なんて無茶なんだよ……」

叔父は、仰向けに倒れたまま白目を剥いて微かに痙攣《けいれん》する自分の父親を見ながら呟いた。

叔父の言う通り、祖父は自ら屋根の修繕をしようとし、誤って転落したのだ。

だが祖父は金を払いたくない、というケチな理由で専門業者に頼まなかったのではない。今まで屋根を始め、家の修繕や改築を幾度となく自分一人で行ってきた。今回もそれと同じ流れだった。

祖父は社長という顔だけでなく、大工仕事、バイク、釣りや登山など多趣味な面も持っていた。加えて、猟銃の免許と田畑を荒らす害獣用の罠を設置して捕獲する資格も取得しており、罠そのものを自分で作るのが得意だった。

実際、近所の田畑を荒らす害獣を、猟銃を使わずに自前の罠で何匹も捕獲し、町から表彰されたこともあったくらいだ。

しかし、そんな元気で器用な祖父も、今は庭先で大の字に倒れている。

「父さんも耄碌《もうろく》したな……。何でも自分でやらないと気が済まないのが仇になった」

携帯電話を切った優良さんの父親は、冷淡な口調で言う。

「妊娠中の理子を呼ばなくて良かった。こんな光景は見せられない」

続いて、苦しむ父親を前にして、叔父もそれほど動揺せずに言い放つ。

「あんた達、自分の父親がこんな状態だっていうのに……」

祖母は涙目で息子達を睨みながら、夫の傍らにしゃがみ込む。

突然のショッキングな出来事に優良さんの顔は真っ青になり、父達のやりとりを何もせずに聞くしかできなかった。

家族で会社経営をしていたが、昔からワンマンな祖父とその息子二人の関係は良好とは言えず、むしろお互いを邪魔にさえ思っていたようで、いつも衝突を繰り返していた。

だから優良さんの父親と叔父の態度は、自分の父親が緊急事態に置かれていても、驚くほど冷静、冷酷だった。

救急車で緊急搬送された祖父は、全身打撲が原因でその日のうちに病院で亡くなった。

「あのアマ!!」

死ぬ間際、祖父はそんな訳の分からないことを叫んで事切れたそうだ。

その後は怒涛の勢いで物事が進んだ。

祖父の通夜と葬式にはたくさんの弔問客が並び、優良さんは何だかんだで自分のお爺ちゃんは町の名士だったことを改めて知った。

四十九日が無事に済んで程なくのこと。夫の突然の死が引き金になったのか、今まで健康だった祖母は一気に認知症が進み、町の老人ホームに入所することになった。会社と工場は、優良さんの父親が社長、叔父が副社長兼工場長となるなど、新体制で経営することになった。

また、今まで住んでいた古い実家と土地は売りに出し、優良さん一家と叔父夫婦は少し離れた新しいマンションへ、それぞれ別々の階の部屋を借りて住むようになった。

優良さんは学校への道のりが多少伸びただけで、生活にさして変化はなかった。

むしろ、優良さんはあの古臭くて無駄に広い実家から、新しいマンションに引っ越せて嬉しかった。孫の優良さんには優しかった祖父だが、いつも彼女の父親らと喧嘩が絶えなかった実家には、あまり良い思い出も印象もなかったのだ。

優良さんは登下校の際、今まで自分が住んでいた実家の前を通っていた。

苔《こけ》の生したブロック塀越しに見える木造の実家が、視界に入る度に彼女は思う。

良く言えば重厚な作りは、歴史を感じさせ趣がある。悪く言えばかなり古臭くて陰気、無駄に大きい印象に加え、祖父の素人工事によって所々がつぎはぎで歪《いびつ》だった。

「私、こんな家に住んでいたんだ。そしてお爺ちゃんはここで……」

そんなことを考えながら登下校を繰り返しているうちに、優良さんはおかしなことに気が付いた。それは下校のときのみに見られる光景だったという。

ある夏の夕暮れ、部活帰りで疲れた優良さんはいつものように元実家の前を通り過ぎようとした。すると元実家の前に、一人のサラリーマン風の若い男が立っていた。

サラリーマンは鞄を持ったまま、ブロック塀越しに元実家をボウっと腑抜けた表情で見つめている。

古い家が珍しいのか、それとも貼り出された売り家の看板に興味を惹かれたのか？

(物好きなお兄さん、こんな家はやめたほうがいいですよ)

優良さんは心の中でそんなことを囁きながら、サラリーマンの後ろを通り過ぎた。

そのときサラリーマンの視線は、ずっと元実家の屋根のほうに向けられていた。

更に次の日の下校時も、呆けたように元実家の前に立つエプロン姿の中年女性を見かけた。中年女性も、屋根のほうをずっと見つめていた。

こうして最初の若い男を皮切りに、優良さんの下校時には彼女の元実家の前に立ち、ひたすら屋根のほうを見つめる人々を、ほぼ毎日目撃するようになったという。

屋根を見つめる人々は老若男女問わず、様々なタイプがいた。

しかし、全員が優良さんの元実家について物件として興味を持ち、足を止めて品定めしているようには見えなかった。

あくまでも皆、ひたすらボウっとした様子で屋根のほうを見つめているのだ。

最初の頃は気味が悪かった優良さんだが、慣れとは恐ろしいもので、そのうち彼女も気にしなくなっていた。皆はつぎはぎの古い家が珍しくて、見ているだけなのだろうと。

何より、前の家の主が屋根から落下死した「事故物件」なのだから。

そして、優良さんは元実家の前に立つ人々の一人と話したこともあった。

話をしたのは近所にいた優良さんの幼馴染みの女の子、奈緒さん。同じ年齢だが通っている学校は違った。幼い頃はよく遊んだが、最近は会う機会すら殆どなかった。

「ナオちゃん、お久しぶり。あの……何か見えるの？」

優良さんは、屋根を見つめる奈緒さんに恐る恐る話しかけた。

奈緒さんはゆっくり振り向くと、優良さんの顔をじっと見た後に頷き、小さく——しかしはっきりとした声で言った。

「お猿さん、胸の垂れ下がった大きなお猿さんがいるのよ。あれ、メスかな」

それを聞いて優良さんも改めて屋根の上を見る。

しかし、猿どころかスズメ一匹いない。

そして奈緒さんは、無言で優良さんの前から去っていった。

「お猿さん？　何よそれ……」

それから暫くは奈緒さんの意味不明な言葉が、優良さんの胸に残っていた。

元実家の前で立つ人々は皆、屋根の上にいる猿を見ているのだろうか、と。

夏休みが終わり、秋の入り口に入りかかったが、元実家の買い手は見つからなかった。

「そりゃあ、あんな大きいだけのオンボロ、誰も買わないでしょ。土地の広さだけはあるんだから、さっさと壊してファミレスでも作ってほしい」

売り家の看板を見る度に、優良さんは呆れながらそう思った。

その頃になっても、夕暮れに元実家の屋根を見つめる人々は絶えなかったという。

「屋根にお猿さんかぁ。よくもほぼ毎日、皆さん飽きないわね……あっ⁉」

いつもの下校時、薄暗い中、元実家前に立つ人を見て優良さんは声を上げた。

「嘘。理子姉ちゃんまで」

そこには優良さんの叔父さんの妻、つまり彼女の叔母に当たる理子さんが立っていた。

叔母と言っても、三十歳を過ぎたばかり。優良さんと好きなアイドルグループが一緒など、共通の話題が多くて二人は仲が良かった。

優良さんは理子さんのことを「姉ちゃん」と呼んで慕っていた。

今月、姉ちゃんは臨月を迎えていた。そして姉ちゃんは最近、心身ともに不調と聞いており、優良さんは気を使ってここ暫く、彼女には会いに行っていなかった。

姉ちゃんは他の傍観者とは違って、スケッチブックを持って紙面に一生懸命、鉛筆を走らせていた。姉ちゃんは、イラストや簡単な四コマ漫画を描くのが好きだった。

「理子姉ちゃん、こんなところで何をしているの、身体は大丈夫？」

優良さんは心配して、姉ちゃんの顔を覗き込むように言った。

「うーん、多分大丈夫」

姉ちゃんは優良さんのほうを見ずに答えた。どうやら、元実家をスケッチしているようだった。スケッチブックを見ると、細部まで緻密に描かれた元実家があった。

「凄い、流石姉ちゃん」

優良さんは、姉ちゃんのスケッチを褒めたものの、何処か違和感を覚えた。

姉ちゃんは絵が上手いが、いつも描いているのは比較的シンプルな絵柄のイラストやエッセイ漫画風の物だったからだ。ここまで詳細に描いているのは初めてだ。

「姉ちゃん、何の為に実家をスケッチしているの？」

姉ちゃんはその質問に答えず、取り憑かれたように鉛筆を紙面に走らす。

「少し寒いし、こんな所で立っているとお腹の赤ちゃんに良くないでしょ……」

描かれた元実家の屋根には、四つん這いでこちらを見ている生き物がいた。

大きく胸の垂れた、メスの猿。

そのとき、優良さんはもう一つ、違和感というか大きな異変を発見して戦慄《せんりつ》した。

姉ちゃんのお腹は妊娠する前と同じ、ペッタンコだった。

「姉ちゃん、お腹の赤ちゃんは……？」

優良さんは自分の心臓が大きく鳴るのを感じながら、姉ちゃんに聞いた。

「あっ」

優良さんの指摘を受けて、姉ちゃんは鉛筆を止め、自分のお腹を撫でた。

「……ないね」

姉ちゃんはゆっくり振り向くと、薄ら笑みを浮かべて優良さんにそう言った。

恐怖が頂点に達した優良さんは、その場から逃げ出した。


「赤ちゃんが、姉ちゃんの赤ちゃんが消えたの!!」

優良さんは家に帰ると、母親に向かって泣きながら抱き着いた。

最初はただただ驚いていた母親だったが、小さな子供みたいに喚く優良さんに対して、「あらあら」と優しく抱きしめた。

そして母親の胸で泣いているうちに、優良さんは眠ってしまった。

優良さんが自室のベッドで目を覚ますと、両親と姉ちゃんが心配そうに彼女の様子を見ていた。優良さんは、すぐに姉ちゃんのお腹に目を移した。

お腹は大きく膨らんでいた。

「姉ちゃん、体調は、お腹の赤ちゃんは大丈夫なの？」

優良さんはベッドから起き上がると、姉ちゃんのお腹を優しく撫でた。

「今日は体調がいいのよ、私も赤ちゃんも。優良ちゃんこそ、泣きながら帰ってきたんだって？　義兄さんと義姉さんが心配しているわよ」

お腹の赤ちゃんは無事で、姉ちゃん自身もいつもの優しい姉ちゃんだった。

両親や姉ちゃんは、口々に優良さんが泣いて帰ってきた理由を聞いてきた。

優良さんは元実家前にいた、もう一人の姉ちゃんのことを話そうとしたが、膨らんだお腹を見て口をつぐんだ。

そして、「ちょっと部活で嫌なことがあって……」と嘘を吐いた。

「熱心なのはいいが、無理はするなよ」

普段は厳しい父親だったが、娘の様子がいつもと違うことを察したのか、今回はとても優しい口調で優良さんのことを慰めてくれた。そして、叔父さんまでもが、わざわざ工場から早帰りして様子を見に来てくれた。

暫く皆で談笑した後、両親達は優良さんの部屋から出ていった。

しかし、父親はすぐにドアから顔を覗かせ、険しい表情で、

「優良、遠回りになるが実家前の道を通るのはやめたほうがいい」と警告してきた。

父親が去ると優良さんは再びベッドに潜り込んだ。

「お父さん、何か知っているの？」

優良さんは色々と父親に聞きたかったが、元実家前にいたもう一人の姉ちゃんの薄ら笑いを思い出すと恐ろしくなり、これ以上追及することができなかった。

父親に警告された次の日から、優良さんは遠回りにはなるが、別の道を通って下校することにした。

その後暫くして、姉ちゃんは元気な男の子を無事に出産した。

甥っ子の首が据わる頃、優良さんは勇気を出して元実家の前まで行ってみた。そして、そのまま再び元実家の前を通って登下校するようになったが、以前のように屋根を見上げ続ける人々を見ることはなかった。

優良さんは東京の大学に合格し、上京して独り暮らしをすることになった。

姉ちゃんとその子供は二人とも元気で、優良さん達にもこれと言っておかしなことは起きなかった。

東京に旅立つ前夜、優良さんは思い切って、以前、元実家の前で起きた不思議な出来事を話してみた。屋根を見上げる人々、もう一人の姉ちゃん、彼女には見えないメス猿。

「メス猿……そんなことがあったのか。やはりあそこから離れてよかった」

父親は一人頷くと、昔話を始めた。

「優良が幼い頃、この辺りには狂暴なはぐれ猿が現れて色々と悪さをしたんだ。普通、はぐれ猿は群れを追われたオス猿らしいんだが、そいつは大きな乳を垂らしたメス猿だった。そのメスに何があったのかは、猿じゃないから分からないが」

父親は当時を思い出すように、目を閉じて話を続ける。

「そこで父さん、つまりお前のお爺ちゃんの出番だ。警察や害獣のプロやらが幾ら頑張っても捕まえることができなかったそのメス猿だが、お爺ちゃんが罠を仕掛けた途端、吸い込まれるように捕獲された。罠の檻の中でも狂ったように暴れていたな。因みに、お爺ちゃんが罠を仕掛けた場所は元実家の屋根なんだ」

それを聞いて優良さんの頭の中に、もう一人の姉ちゃんのスケッチに描かれた、屋根の上にいるメス猿の絵が浮かび上がった。

「そのメス猿の復讐なのかな、お爺ちゃんの転落を含めて。私達は大丈夫？」

話を聞いて、なおさら不安になった優良さんは父に訊ねた。

「さあな、死んだ猿の気持ちは分からん。今のところ、お前が変な体験をしただけで皆に実害は出てない。メス猿がもし復讐をするのだったら、本命はお爺ちゃんだけだろ」

父親はそう冷たく言い放った。本当にお父さん達とお爺ちゃんは仲が悪かったんだな、と優良さんは改めて思った。

そして父親は最後に言った。

「しかしあのメス猿、あいつの子かどうかは分からんが、ずっと片手に子ザルの死骸を抱えていたなぁ。半ばミイラと化していたが」

大助さんの話によると現在、優良さんの両親も叔父夫婦とその子供も、彼女の故郷で元気で暮らしているそうだ。認知症を患った祖母も、以前と比べて随分弱ったが存命らしい。家族経営の会社も、多少勢いを失ったものの安定しているという。

優良さん自身も大助さんと夫婦共働きで、元気に毎日を過ごしている。

そして元実家だが、数年前にある大手不動産会社がやっと土地ごと買い取ってくれた。

古い元実家は程なく取り壊された。その後すぐにマンションが建つ予定だったが、数年経った今でも一向に工事が始まる様子はなく、雑草のジャングルの如き状態らしい。

人事異動

初冬のある日曜日、設楽さんは北海道道央の町へ引っ越した。

会社の急な人事異動によるものだが、ナビに従い車を走らせる。

「えーと、次を右ね」

「モクテキチニトウチャクシマシタ。アンナイヲシュウリョウシマス」

視界の先には、こちらへ向かって手を振っている人がいる。

「どうやら合っているようだな」

車を降りると新しい転任先の人が待っていてくれた。

「設楽さんですよね。これからお世話になります、松尾と申します」

急な異動の為、引っ越し業者による荷物の搬入に立ち会ってもらっていた。

「大体の物はこの辺かな、ってところに置いてます。もし移動するなら手伝いますんで……」

二階建てのアパートは結構な古さを感じる外観だった。

「部屋は二〇一号室です。……会社ももう少しいい所にしてもいいですよね」

「まあ、急な話だからしょうがないよね。俺も住めたらいいって言ったし」

室内に入ってみると、狭いキッチンとリビングが続き、その横に狭い和室が一部屋あった。

「こっちが洗面所と風呂ね。で、ここがトイレ、と。なるほどなるほど」

「冷蔵庫とかテレビの場所は大丈夫ですかね。コンセントの位置的にこの辺だと思ったんですが」

「ああ、ありがとうありがとう。別にこだわりもないし、いい感じじゃないかな」

休日なのに自分の為に動いてくれた松尾を見送り、設楽さんは荷解きに取り掛かる。

「さて、早々に使う物は、と……」

パソコンや営業資料のファイルを段ボールから取り出し、デスクの上に並べていく。

（んっ……）

突然、饐《す》えたような、黴のような臭いが鼻を衝く。

（あっちのほうか……？）

和室に足を踏み入れるが、先ほどのような臭いは特に感じない。

（おかしいな……）

何の気なしに襖を開ける。

「何だこれ……」

片手に乗るくらいの木箱が置かれていた。

手に取りよく見ると、上蓋のところには彫刻刀で荒く掘られたような模様が刻まれている。

「これは……鬼？」

単なる模様と言えばそれまでだが、見方によっては目を吊り上げた鬼の顔にも見える。

(前の住人の忘れ物？　いや、松尾のいたずらだな、うん)

中身は何だろうと蓋を開ける。

「うっ……」

強烈な酸臭が部屋中に立ち込め、眩暈《めまい》を起こす。

思わず木箱を畳に落とし、壁にもたれかかることで何とか踏ん張れた。

(何だ……何が……)

設楽さんは現状が理解できず、暫くはそのままでいることが精一杯だった。


漸く落ち着きを取り戻した頃、冷静に考えを纏め始める。

(箱の中には何も入ってはいなかった。ということは、臭いを封じ込めていた？　いや、ガスの類とか)

木箱を手に取り、痕跡のようなものを探す。

それ自体には臭いは染みついてはいない。また液体の染みのような物も見つからない。

(でもあの強烈さは、有毒なガスに近いよな。……あっ、洗剤同士を混ぜてできるっていう、あのガスか)

何の物証も根拠もないが、設楽さんはそうに違いないと思い込んだ。

翌日、出勤時に松尾に説教してやろうと木箱を鞄の中にしまい込む。

その夜、設楽さんは酷く魘《うな》される。

半ば金縛りの状態だったという。

何とか目を覚ますことができたが、顔の上をもぞもぞと蠢《うごめ》く感触があり飛び起きた。

顔を拭う仕草をすると、何かが手に触れる。

慌てて照明を点けると、真っ黒い五十センチ程の髪の束が、するすると襖の隙間から押し入れの中に入っていくのを見た。

そんな馬鹿な、とは思いつつも、そのままにしておくこともできない。

気合いを一呼吸入れ、勢いよく襖を開ける。

——中には何もなかった。

まだ荷解きしていない段ボールを数個押し込んではいたが、その陰にも見当たらない。

段ボールの蓋もガムテープで閉じられている為、異様な物がそこに入り込むことも考えられなかった。

設楽さんは安堵の溜め息を大きく吐く。

(疲れだな。環境が変わったことも影響しているんだろ……)

若干腑に落ちないところはあるが、それ以上考えたところでどうしようもない。

また布団に潜り込むと、夢だと自分に言い聞かせながら眠りに就いた。

翌日、早めに新しい職場へ出勤する。

既に事務所内には年配の男性がいた。

「おお、君が設楽君だね。急な異動で悪いね。所長の中村だ、色々と頼むよ。何しろ前任者が鬱《うつ》っぽいことになって、取引先との問題も出てきてね。これで三人目って……」

「おはようございます」

話を遮るように大きな挨拶をして松尾が入ってきた。

「おお、おはよう。あ、昨日会っているよね。松尾君だ。いやぁ、若いのに色々と動いてくれて助かっているんだよ。分からないことがあったら、彼に聞くといい」

穏やかな笑みを浮かべて松尾はこちらを見てくる。

「今日は僕も同行するので、取引先を回りましょう。仕事の内容は同じだと思うので、特に問題はないと思われます」

にこにこと好青年を演じる松尾に腹が立ってきた。

「ちょっといいかな」

事務所の隅に呼び出し、例の木箱を見せる。

「これ、どういうことかな。いたずらにしても、冗談の範疇《はんちゅう》を超えていると思うんだが」

「あのー、何の話ですか？」

「だから君でしょ、これを置いていったのは」

「これを？　僕が？　設楽さんへ？　何の為に？」

どうやら嘘を吐いているようには思えない。

「あ、いや、違うならいいんだ」

「いや、全く話が見えてこないんですが、ちゃんと説明してくださいよ」

結局、取引先へ向かう車中の中で、昨日の出来事を松尾へ話した。

「うーん、ガスとか言ってますが、この木箱の量で、そこまでのことができるんですかね」

まじまじと木箱を見ながら松尾は話す。

「というか、君じゃないのなら、やっぱり前の住民の忘れ物ってことか……」

「いや、それはないと思いますよ。だって業者が来る前に僕はあちこち見てますから。押し入れの中も空っぽだったはずです」

「じゃあ誰が？」

「残る可能性は引っ越し業者ですよね」

「え、何で？　恨まれるようなことはしてないぞ」

「愉快犯がいたんじゃないですか。それしか有り得ないですもん」

一瞬、設楽さんはいらつきを覚え、クレームを入れようと考えたが、松尾の言葉で踏みとどまる。

「でも証拠がないっすからねぇ。誰かがやった、って言ったところで、何の為にってなるじゃないですか。そこで話は終わりですよ」

　ぐうの音も出ない内容と口調は設楽さんの癇《かん》に障る。

「で、でもよぉー、まあ、俺も大事にするつもりはなかったからそれはいいんだけどよ、その鬼の顔って、小学生レベルで笑えるよな」

「鬼の顔……？」

「だから、小学生の木彫りで鬼を描いてみましたみたいなやつだよ。蓋のやつ」

「僕には女性の顔にしか見えませんが」

　設楽さんは車を停め、木箱を取り上げる。

　——そこには目を閉じた面長の女性の顔があった。

　髪の毛は長く、掘られた木面も滑らかで工芸品と言っても過言ではない出来だった。

「いやだって、昨日は鬼の顔だったし、そう、お前に見せたときだって鬼の顔をしてたろ」

「いいえ、僕が見たときはこの顔です」

　車中に沈黙が流れる。

　言葉にはしないが、松尾の表情はこの人は大丈夫なんだろうかと訴えてくる。

「な、なーんてな。ほら、俺だけいたずらされたっていうのも何だろ。だから冗談だよ。ただの冗談」

「なーんだ、あまり面白くないですよ、それ」

設楽さんの乾いた笑いが車中に響いた。


その日の仕事を終え、設楽さんは帰宅すると、まじまじと木箱を眺めた。

見たはずの鬼の顔は何処かに消え失せ、女性の顔がしっかりと刻まれている。

蓋に何らかの仕掛けが施してあって顔が変わったりするのかと調べてはみたが、そのような細工は見当たらない。

(うーん……)

自分の記憶の全てが信用できなくなる。

鬼の顔は元より、異臭のことまでが全部嘘のように思えてきた。

「もういい、何もなかった。何もなかったんだって」

そう言い聞かせると木箱をゴミ箱へ捨てて、シャワーを浴びることにした。

髪の毛を洗っていると、肩から背中に掛けて纏わり付くような感覚がある。

シャンプーの泡とは明らかに違う。ただそれが何かとは思い当たらない。

思わず目を開けてみると、視界に入る曇り気味の鏡に黒い塊が映り込んでいる。

反射的に振り返ると、上部から垂れ下がる、常識では考えられないほどの長さの髪の毛がそこにはあった。

「ひぃっ、うわっ!!」

その場から飛び退くようにして、狭い浴室の壁にぶつかる。

長い髪の毛はするすると天井にある点検口へ吸い込まれ消えた。

「うわぁぁぁぁぁ!!」

設楽さんは浴室からそのままの格好で飛び出し、リビングのほうへ逃げようとする。

そのタイミングで玄関ドアが激しく叩かれた。

「いゃあああああ!!」

「設楽さん、僕です。開けてください、松尾です」

藁にも縋りたい彼は、助けを求めて玄関のドアを開けた。

「どうしたんです？　大丈夫ですか？」

動揺のあまり上手く言葉を発せない設楽さんは、浴室を指差しパクパクと口を開け閉めすることしかできなかった。

「ちょっと確認しますね」

ずかずかと上がりこんだ松尾は、浴室のドアを勢いよく開ける。

そのまま四方を確認する素振りをすると、笑ってこちらを振り向いた。

「何にもないですよ、大丈夫ですか？」

暫くの間、落ち着くまでの時間を要したが、自分が何を見たのかを松尾に伝えた。

「ふーん、点検口ですね。分かりました」

恐怖という感情が存在しないような松尾は湯船の縁に乗り、点検口を開ける。

ポケットから取り出したスマホのライトを点灯させ、周囲を確認していた。

「うん、設楽さん、大丈夫。何もないですよ。きっと見間違いなんですよ」

そんなはずはないと口から零れそうになったが、松尾の柔らかな笑みを見ると、舐められたくない一心でぐっと言葉を飲み込んだ。

「まあ、ほら環境が変わった所為で、知らないうちに疲れてたってことだな。……それより、お前のほうこそどうしたんだよ」

「いや、一度家には帰ったんですけど木箱のことを気にしてましたから、それなら処分したほうがいいって伝えようと思って」

「は？　それでわざわざ来たの？　あれならもう捨てたから」

軽い雑談を交わした後、設楽さんは玄関先で松尾を見送る。

先ほどは立場的に強がってはみたが、またすぐに浴室を使う気には到底なれない。

キッチンのシンクで髪の泡を洗い流し、身体は絞ったタオルで拭き取ると早々に部屋着に着替えた。

「ふう……」

リビングに腰を下ろすと、これまでのことが思い出される。

現実的にはそんなことは有り得ない。松尾が怖がっていなかったことも、有り得ないことだと分かり切っていたからであろう。

(幻覚を見るようになった？　何か脳とかの病気？)

転任した早々に大変なことになったと設楽さんは酷く落ち込んだ。

遅くても来週中には有休を使い、脳の検査を受けようと決める。


翌朝、着替えを済ませると、簡素な食卓テーブルでテレビを見ながらトーストを食べていた。

あまり興味のない芸能ニュースに視線を下に落とした。

その視線の先——。

——テーブルの上には例の木箱がある。

いや、蓋の部分の女性の顔は変わっていた。

歪んだ髑髏《どくろ》がそこには刻まれている。

その後、自分でもどうしたのかは記憶にない。

職場で中村所長へ向かい、脳の病気になったから一刻も早く入院をしないといけないと熱弁を揮っていた。

「結局、その会社は辞めました。所長へ訴えていたその日に仕事にならないと判断され、実家に戻されたんです」

暫くの間は心療内科へ通う日々が続いた。

所長も何度か様子を見にきてくれたが、社会復帰は当分無理だろうと判断され、退社に至ったという。

「所長の話だと僕で四人目だそうです。転任早々、気が触れたようになり、仕事ができなくなった人がいたと……」

設楽さんは最後に所長と交わした会話が未だに忘れられないという。

「やっぱりあのアパートは呪われているのかな。松尾の彼女もおかしくなって自殺したし、君の前任者達もみんなおかしくなってしまったし……。でも松尾は平気なんだよな」

「え、どういうことですか？」

「いやぁ、松尾の両親の御好意で会社が安く借りていたんだよ。松尾も住んでいるし、色々と都合がいいだろうって」

現在は別の会社で元気に働く設楽さんだが、この件に関しては思考を完全に止めている。

人形の家

話の発端は十年前に遡る。

その日のパートを終え、須田さんは車を走らせていた。後部座席に大きな荷物がある。五歳になる娘、涼香ちゃんへの誕生日プレゼントだ。中身はドールハウス。同じ部署の江川さんから譲り受けた物だ。

江川さんが、愛娘の紗理奈ちゃんへ贈る為、海外から取り寄せたのだという。事前に見せてもらった写真だと、かなりの高級品に思える。

折角取り寄せた品だが、不幸にも紗理奈ちゃんは急死してしまった。楽しみにしていたのに、実物を見ることもできなかったそうだ。

家の中にあるだけで思い出が溢れてくる。何も手に付かない。譲る相手を探していたとき、須田さんがドールハウスのカタログを見ている場面に遭遇したらしい。

「使ってくれたら、紗理奈も喜ぶはず」

そう言って江川さんは微笑んだ。当時の須田さんは夫と離婚した直後で、何かと物入りだった。涼香ちゃんが本格的なドールハウスを欲しがっているのは分かっていたが、先立つものがない。江川さんの申し出は、正直、ありがたかった。

受け取ったドールハウスは、予想を上回る大きさだった。かなり大きいから車で出勤するように、と言われたのも納得である。

昼飯を奢《おご》るだけで良いとの約束が申し訳なく思える。恐縮する須田さんに対し、江川さんは箱をもう一つ取り出した。

「これはおまけ。私が作ったやつだから、ちょっと不細工だけど」

そう言いながら箱を開ける。中身はドールハウス用の家具だった。

一つ取り出して見せてくれた。クルミ色の食器棚だ。白い食器も入っている。洋風のドールハウスに最適のアンティーク調だ。

不細工どころではない。商品として十分に通用するレベルである。

「テーブル、ブックケース、暖炉。思い付くもの全部作っちゃった」

娘が喜ぶ姿が見たくて、独学で技術を磨き上げたそうだ。この全てが紗理奈ちゃんの為だったのだ。須田さんは目頭が熱くなってしまったという。

別れ際、江川さんはふと思い付いたように言った。

「家具を入れたらどうなるか、暇なときに見にいってもいい？」

当然の申し出である。二つ返事で引き受け、須田さんは車に乗り込んだ。

誕生日の御馳走が並んだ夕飯を済ませ、須田さんは頑張ってラッピングしたプレゼントを持ってきた。

涼香ちゃんは、中から現れたドールハウスに歓声を上げた。早速、自分の部屋に置き、家具を並べ始めた。須田さんが話しかけても上の空である。

小一時間を掛けて家具の配置を終えたドールハウスは、予想を上回る素晴らしさだ。玩具とは思えない風格を備えている。

そこに、涼香ちゃんの大切なウサギの人形が立っている。これが意外なほど似合っていた。

この日以来、涼香ちゃんはドールハウスの虜になった。

新しい玩具は、もって十日、早ければ三日で飽きて放り出すのだが、今回は入れ込みようが違う。

これは本当に良い物を貰ったと、須田さんは江川さんに感謝した。

暫く経った頃、江川さんが連絡してきた。ドールハウスの見学会をお願いしますと言われ、須田さんは笑いながら約束の日時を決めた。

訪れた江川さんはドールハウスを見た瞬間、微笑みを浮かべたまま一筋の涙をこぼした。

「素敵。こんなに大切に遊んでくれてるのね。紗理奈も喜んでるわ」

少しの間、一人で見させてほしいと頼まれ、須田さんは部屋を出た。江川さんは、ドールハウスに何か話しかけているようだった。

部屋を出てきたとき、江川さんはいつもの朗らかさを取り戻していた。

「涼香ちゃんに伝えといて。仲良くしてねって」

そう言い残し、江川さんは帰っていった。

その日の深夜のこと。

トイレから戻る途中、須田さんは涼香ちゃんの部屋の前で足を止めた。

話し声が聞こえたのだ。二人いる。ひそひそと会話を交わしている。一つは涼香ちゃんの声。もう一つは聞いたことがない声だ。幼い女の子に思える。

ドアノブに手を掛けた瞬間、声はピタリと止んだ。そっとドアを開け、中を覗き込んでみたが、寝息を立てている涼香ちゃんしかいない。

首を捻りながらドアを閉め、暫くその場で待ってみた。何も起こりそうにない。涼香ちゃんの寝言だろうと判断し、須田さんはベッドに戻り、眠りに就いた。

翌朝、起きてきた涼香ちゃんは、御機嫌で話し始めた。

「あのね、きのうね、おともだちができたの」

「へぇー、いいわね。保育園の子？」

「ちがうよ。おにんぎょうさんのおうちにいる。さりなちゃん」

ぞくりと鳥肌が立った。

今、さりなちゃんと言った。名前なんか教えていないのに。

「何ちゃんって？」

須田さんは、涼香ちゃんを保育園に送り届け、家に戻った。幸い、パートは遅番だ。時間はある。

「きのう来た。おうちの中で遊んでる」

「その子がいるの？」

「さりなちゃん」

涼香ちゃんの部屋の前に行き、ドアを睨みつける。こうしていても埒《らち》が明かない。須田さんは思い切ってドアを開けた。

机の上にドールハウスがある。特に変わった点はない。家具とウサギの人形以外、怪しげなものは見当たらない。

ただ、何となく違和感を覚えた。近付いて、じっくりと眺める。見つけた。一階の居間に見慣れない家具がある。

洋風のドールハウスとアンティークな家具で仕上がった空間に、あまりにも似つかわしくない物。

どう見ても仏壇だ。取り出して調べてみる。黒檀《こくたん》のような質感、観音開きの扉の中には仏像と位牌も置いてある。

位牌には清智童女と戒名も書いてあった。恐る恐る位牌を取り出し、裏を見る。江川紗理奈という名前と享年が読めた。

震える手で位牌を戻し、仏壇を元あった場所に置こうとして気付いた。仏壇の側に、小さな袋がある。

手の込んだ作業を経て作られた物のようだ。袋を開けると、木箱が現れた。木箱の中には白い壺が入っている。

骨壺以外の何物でもない。意を決して蓋を開ける。中に何か白い物が詰まっていた。

仏壇も骨壺も、江川さんが訪ねてくるまではなかったはずだ。何度となく見ているから、それは言い切れる。

あの日のことを思い返してみる。そういえば、江川さんは一人きりでドールハウスを見ていた。あのときに置いたとしか考えられない。

さりなと名乗る子のことは後回しにして、取りあえずこれは返そう。

壊したり、傷つけたりしたら、何を言われるか分からない。須田さんは慎重に仏壇と骨壺を丈夫な箱に入れ、職場に向かった。

更衣室に入り、江川さんのロッカーを探す。出勤していたら、ロッカーの上に靴が置いてあるはずだ。作業靴に履き替える為、皆がそうしている。

一番奥の列、右から三番目。江川さんのロッカーは名札が外されていた。半開きの扉から、空っぽの内部が見える。直属の上司に訊ねると、憮然とした表情で教えてくれた。

昨日、突然現れ、退職届けを置いていったのだという。理由を訊くと江川さんは笑顔を浮かべて言った。

「子供と暮らすんです。大きな家も素敵な家具もあります。まぁ、家具は私の手作りなんですけどね」

いきなり辞められても困る、せめてもう少し話し合いましょうと引き留めたが、江川さんは鼻歌を奏でながら出ていったそうだ。

携帯電話は繋がらず、自宅は既に空き家だったという。どうやら、江川さんとは連絡が取れそうもない。不本意ながら須田さんは、仏壇と骨壺を持ち帰った。

途中、何処かに捨ててしまおうかとも思ったが、何となく抵抗感がある。幾ら作り物だとはいえ、ゴミにはできない。

やはり、どうにかして返すべきだ。取りあえず、押し入れの奥に片付けた。

そうこうしているうちに、保育園のお迎えの時間になった。帰り道で涼香ちゃんは、今日あったことを話し始めた。

新しい絵本が面白かったこと、砂場で遊んだこと、園庭で飼っているウサギのこと。とても楽しそうだ。

「あのね、さりなちゃんのおかあさん、きたよ」

思わず歩みを止めてしまった。

「さりなちゃんといっしょにすむって」

返事ができない。じっと見つめるだけの須田さんに、涼香ちゃんはあどけない顔で言った。

「ぶつだん、もどしといてって言ってた」

散々迷ったが、須田さんは仏壇と骨壺を元あった場所に戻した。その夜、須田さんは涼香ちゃんと一緒に寝た。

久しぶりの添い寝に、涼香ちゃんは大喜びで甘えながら眠った。零時を回った頃、ドールハウスからひそひそと声が聞こえ始めた。

幼い女の子の声と、聞き覚えのある女性の声だ。

そっと身体を起こし、ドールハウスに近付く。声は仏壇から聞こえていた。いつの間にか、位牌が二つに増えている。

やはりこのままにはしておけない。捨ててしまおう。いや、いっそ燃やしてしまおう。

仏壇を取り上げようとした手に、背後から伸びてきた腕が絡みついてきた。

耳元で江川さんの声がした。

「そのままにしといて。じゃないと連れてくわよ」

それに応じるかのように、涼香ちゃんが苦しそうに呻《うめ》いた。

その夜から十年経った今でも、ドールハウスは大切にされている。

須田さんはなるべく見ないようにしているが、涼香ちゃんは十五歳になっても変わらずに虜となっている。

登校拒否し、引きこもった状態だ。放っておくと何時間でも遊んでいる。

その間、言動が幼児のようになってしまう。糞尿も垂れ流し、まともに返事もできなくなる。

医師に相談しても体調不良や、精神的な歪みなどは見られなかった。

取り上げようと試みたときもあったが、失神するほど激しく泣き狂って抵抗した為、諦めたという。

坩堝《るつぼ》 ―― 奇譚ルポルタージュ

曽山さんには、大久保という知り合いがいた。

大学のサークルで友人に紹介され、付き合いが始まったという。七年前のことだ。

当時大久保は三十代前半。痩身短躯で、長めの髪に眼鏡と髭面。胡散臭さが漂っていた。

二十代の頃から起業したり、飲食店を開いてみたり、少々人様に言えないような商売に手を染めたりと、色々やっていたと聞かされたので得心がいく。おかげで様々な〈人脈〉を得られたと自慢された。確かに、大久保の顔は広かった。道端ではよく呼び止められる上、時にはひと目でそれと分かる反社会的な人物との繋がりも垣間見えた。

何故そんな怪しい人物と付き合っていたのか。それは単に馬が合っていたからとも言えるし、大久保自身が人好きのするタイプだったからとも言える。拙《まず》いことが起これば、逃げれば良い。そんなふうに軽く考えていたことも一因である。

大久保が家を買ったと聞いたのは、曽山さんの内定が決まった頃だった。

以下は、大久保の家とそれにまつわる話である。

大久保の買った家

大久保が買った家は、関東以西にある。

引っ越しが完了したから、遊びに来いと誘われた。

最寄り駅まで行くと、一台の白いワゴン車が駐まっている。大久保だった。車に乗せられ、結構な距離を走った。次第に建物が減り、田畑だらけになっていく。その中にポツンと二階建ての家が存在していた。それが、大久保が買った家だった。

平成初期に建てられたせいか、デザインは古い。よくある感じの家だ。白い壁は薄汚れていたし、ブラウン系のサッシや二階のベランダの手摺りは傷みが見て取れた。瓦屋根もそれなりで、全体的にくすんで見える。唯一の美点は、日当たりが良く、部屋数が多そうなところくらいだろう。

建屋の周りには垣根や壁がなく、周りからの視線は筒抜けだ。辛うじて、境界線となりそうなブロック塀の痕跡が僅かに残っている。

庭は土が剥き出しで、乾いた感じがあった。庭木や芝生のようなものは一切なく、元の持ち主が徹底的に引き抜き、剥がしていったような印象を持った。

その荒れ地のような庭が駐車場だった。

大久保曰く「土地、上物込みで二百万。それを諸費用込み百万にしてもらった。知り合いの不動産から快く値引きしてもらって、オマケまでしてもらった結果の金額」。

交通が不便で、コンビニもない。最悪な立地な上、田畑が近いせいで虫が多く、悪臭もするので当然だ、と彼は言う。

知り合いと言っても二百万が百万になるはずがない。そもそも、条件の悪い物件だとしても、このレベルなら二百万でも安過ぎるような気がする。所によっては無料譲渡や助成金、空き家バンクなどがあるだろうが、それらは何ひとつ使っていなかった。また、何やら含みのある大久保の口ぶりから、その不動産が真っ当なものではないことが窺えた。いや、取り引き相手が不動産なのかも分からない。勿論本人には何も言わなかった。


家の中は何処も普通。築何十年も経た、中古住宅としか表現ができない。

玄関を上がってすぐ、左右に部屋へのドアがある。

向かって右が洋室、左が和室になっていた。洋室はフローリングで、観音開きの収納が一つ。

和室は二間続きで、一番奥が押し入れになっていた。

和室の入り口横に、階段の上り口がある。そこを通り過ぎると短い廊下になるが、それを挟むようにダイニングキッチンと風呂場が設えてあった。廊下の突き当たりはトイレで、洋式の水洗だ。ダイニングキッチンはアイランド式やカウンターがあるようなものではない。六畳ほどのフローリングで、窓のある壁側に台所が付いているだけと言えた。風呂場は意外と綺麗だが、やはり古びている。シャワーも付いていたが、シャワーヘッドだけが新品のように見えた。

二階へ上がると、正面と右がフローリングの部屋になっていた。どちらも普通としか言いようがない。階段口の左側が短い廊下で、そこからもう一つの部屋へ行ける。

そこは南側の和室で、小さなベランダへ繋がっていた。振り返ると入り口に向かって右側が押し入れだ。他の壁は窓が切ってあるので、採光は上々と言えた。

何処の和室も新しい畳の匂いがしていたから、事前に取り替えられていたはずだ。やはり百万は破格過ぎだろう。ふと疑問が浮かんだ。

ここには、生活感がない。箪笥などの家具、照明以外の家電が全く見当たらなかった。カーテンすら下がっておらず、見ようによってはただの空き家にしか思えない。

大久保に訊ねると、笑って答えた。

「常に住まないから。ここは倉庫になる」

衣服や靴、他には気に入った楽器や骨董などのアイテムを入れる為の家らしい。

確かに大久保はいやに珍しい物を持っている。レアなスニーカーだったり、一点物の服や靴だったり、と枚挙に暇がない。他に骨董の掛け軸や壺、彫刻などを見せてくれたこともあった。失礼だが、何処にそんな金があるのか分からない。

よく手に入れられましたね、と言えば、大久保は臆面もなく口にする。

「金儲けの方法は色々あるから」

儲けた金は、自分が好きに使う、その為に生きていると、断言した。

落ち着いたらまた連絡するから、そのときは来てくれと大久保は言う。

それから何回か、曽山さんはこの倉庫の家へ足を運ぶことになった。

二度目の訪問

大久保から呼ばれたのは、初回から数週間経った頃だ。

最寄り駅からワゴンに乗せられ、あの家へ連れていかれる。

玄関を開けると、多数の段ボールや木箱などが所狭しと並んでいた。荷物と荷物の間に辛うじて人が一人歩けそうな隙間が空いている。

一部の品物を出しただけで、未だ荷解きは完了していないことが見て取れた。

玄関からすぐにある洋室へ入るがそこも同じで、足の踏み場がない。

僅かに空いた空間にパイプ椅子二つと、事務デスク、その上にノートパソコンとルーターが置いてあった。大久保はデスク脇から取り出した小さな木箱を開け、中を見せた。

茶道で使うような茶碗が入っている。

箱も中身も年季が入った雰囲気はあるが、詳しくないので価値は分からない。

「これ、結構高く売れた、明日手渡しする」

大久保が言うには、自分のコレクションを維持、或いは増やす為、商売としてのアイテムの売り買いを始めたようだ。時には最新アイテムの限定品を手に入れ、値を吊り上げて売ることすらしていた。俗に言う転売で利益を得るというものだ。

「愛着のないものなら、幾らでも売れる」

お眼鏡にかなわないものであれば、執着や頓着しないのが大久保だった。

ただし、古物商認可などを受けているかいないかは、聞いていないので分からない。

会話の最中、曽山さんは背後から何かに見られているような気がして、つい振り返った。

荷物の上に海外製らしきデフォルメされた茶色の熊のぬいぐるみが二つ、仲良く並んでいた。

向かって左側のぬいぐるみと目が合ったような気がした。

何となく気味が悪くなって、ここは何も出ないのかと思わず口にしてしまった。

大久保は半ば呆れたように笑い、否定した。

これまで骨董を始めとして、様々な中古品を手に入れたが、怪しいことは何ひとつ起こらなかったと言い切る。それこそ、故人が遺した衣服や靴、腕時計、書籍、楽器などの思い入れがありそうな品々だったとしても、何もなかったようだ。

「試しに、自殺した人間の部屋や人身事故の現場から持ってきたこともあったけれど、何にもなかった。霊魂や死後の世界はないし、幽霊は脳のエラーで見えている戯れ言に過ぎない」

信じる、信じないが前提ではなく、ただ、ないのだと彼は強い口調だった。

しかし、その話をしている最中も熊のぬいぐるみ辺りから視線は感じる。元々曽山さん自身、何かが見える感じるというタイプではない。それなのに気持ちが悪いのだから、何かがあると思っても仕方がない話だった。

落ち着かない様子を察したのか、大久保はぬいぐるみを指差し、あれかと訊く。

そうだ、あれから視線を感じるのだと答えれば、彼は立ち上がり、ぬいぐるみを二つとも手に取って戻ってきた。そして、デスクの上に置いた。視線はもう感じなかった。

大久保は立ち上がると、洋室から出ていった。二階で足音が聞こえ、何かをやっている気配が伝わってくる。

しばらくして大久保が戻ってきた。

手には、十徳ナイフとアニメのフィギュアの箱が握られている。

自殺や事故現場から持ち去ってきた、死者の持ち物だと説明された。

こんなものはたくさんある。欲しい人がいれば売った。その後、客が何か文句を付けてきたことはない、と彼は言う。十徳ナイフは首吊りした男の持ち物。フィギュアは交通事故現場のお供え物の中から、未開封で汚れていないものを選んで持ってきたらしい。

事故現場はまだ理解できるが、自殺現場はどういう経緯か、想像が付かない。

「そういう現場に行き会う機会が多々あったから」

詳細を聞くと、反社会的勢力と保険金との関係だった。そういう現場に立ち会うことが、若い頃はよくあったと大久保は照れくさそうだった。

あまり聞き過ぎても良くないだろう。話題を変えた。

二階も倉庫なのか、そういう現場のものは上に入れることにしているのか、と質問をしてみた。大久保は首を捻った。

「特に決めてない。それに二階って何だ？」

上から足音と物音が聞こえたからだと素直に返答したが、彼は訝しげだ。

「ナイフもこれも、一階の和室から持ってきた。二階へは上がっていない」

では、何故上から音が聞こえたのか。当然の疑問に対し、大久保はきっぱり言い切った。

「反響だろう。下の音が上から伝わってきただけで、家が古いからだ」

ここに来た他の人間も同じことを言っていたのだと、彼は苦笑を浮かべた。

倉庫の家を辞し、その後、駅前で大久保とラーメンを食べた。

三度目の訪問

三回目は、少し間が空いた。一カ月以上、大久保から連絡がなかったせいだ。

休日の前日、突然電話が来て「遊びに来い」と誘われる。以前から同じようなことが多々あったので驚きはしなかった。

約束の午後七時過ぎ、いつものように駅で待っていると、大久保のワゴンがやってくる。

件の家へ入れば、以前より荷物が減ったせいか、何処かスッキリしていた。見える範囲にミントグリーンのカーテンが付けられた上、冷蔵庫や電子レンジなどの家電も入っており、僅かながら人が暮らせそうな雰囲気になっている。

「最近、やたらと売れる」

大久保は嬉しそうだ。仕入れた物が右から左へ飛ぶように売れ、結構潤っているからだった。

スマートフォン本体やタブレット端末、限定品の服や靴、アクセサリー、玩具、ゲーム関連が特に人気で、あっという間に捌ける。それに好事家が骨董品を高値で購入することが連続してあった。それぞれの梱包や配送、受け渡しでとても忙しかったらしい。

「やっと落ち着いてきた。今度は本州の外れまで骨董の仕入れに行く予定だ」

金を出すから曽山さんも行くかと訊かれた。面白そうだから二つ返事で了承する。

具体的な計画を訊いている最中、玄関チャイムが鳴った。

独特の音で、耳に付く。電池か電源が弱いのか合間に一度息継ぎが入った。

大久保が玄関へ歩いていった。

人の声が聞こえた。大人の女性のものだ。何を言っているかまでは分からないが、相手には気安さがあった。対する大久保の受け答えは明瞭で「はい。分かっています」「ええ。その通りで」のような言葉が聞こえてきた。雰囲気的に、女性が上の立場に思える。

ややあって大久保が戻ってきた。

誰だったのか訊こうとしたが、すぐに旅の計画の話へ戻った。改めて訊ねるのも不躾な気がして、そのままにした。

帰宅時、玄関まで出たときだ。ふとあのチャイムの音を思い出す。

何の気なしに振り返り、チャイムのボタンを押した。

切れることもなく滑らかに鳴る。思わず目を丸くした。そもそも音そのものがさっき耳にしたものとは全く別物だったからだ。

大久保にあの女性の来客時のことを訴える。きょとんとした顔でこちらを見た。

「最初からこの音だし、お前が何を言っているのか分からない」

さっきも同じ音だったたし、来たのは新聞勧誘のオッサンだと言い切られた。

駅まで共に帰った後、大久保は食事もせずそのまま去った。

何処か不機嫌だった。

東北へ

予定した通り、三泊四日で本州の端――東北方面の旅へ出かけた。

大久保のワゴンで、高速道を北上していく。彼の機嫌はいつも通りで、軽口も変わらない。

東北では何箇所か巡っては骨董を買い付けたり、途中にある中古品を扱う店に飛び込んで価値のありそうな商品を格安で手に入れたりすることを繰り返した。

宿泊はビジネスホテルだったが、昼と夜は豪華な食事を御馳走になった。

特にトラブルもなく帰途に就いたが、途中で少し気になることがあった。

一つは大久保がたまに携帯を無視することだ。

ドリンクホルダーに投げ込んだスマートフォンに着信が入る。画面には〈※重要顧客〉とある。しかしこの時だけ、放置し出ない。大久保は運転中でも電話を取るタイプだ。実際、この旅でもよく見た。友人や知人の他、あまり重要そうじゃない相手でも躊躇《ためら》うことなく出る。しかし、無視する相手は重要顧客だと表示されている。重要なお客じゃないのか、出なくて良いのかと口を挟んでも、彼は首を振るばかりだった。

また、カーナビが度々おかしくなった。高速道から降りて下道を進むときが多く、その殆どが指定しない場所へ進ませようとする。例えば、どう見てもまっすぐな道なのにも拘らず、右へ曲がれとナビが指定する。住所を打ち込んでいても別の所へ誘導された。

「更新してないからデータが古い。そのせいだろう」

大久保は自嘲気味に言うのだが、それにしては案内される場所がおかしい。

殆どが寺なのである。

寺は簡単に移転などしないだろう。だから古いデータでも新しいデータでも無関係な気がする。それなのに、どうしても寺へ行く。最初こそ寺か、で済んでいたが、五度六度あると流石に気になる。しかし、大久保は特に気にすることなく、ナビの設定を弄るだけだった。

東北から帰り着くと、自宅近くで降ろしてもらった。

来週、また倉庫に来いと大久保は言い捨てていった。

四度目の訪問

東北から戻った翌週だった。大久保の指示通り、曽山さんはあの倉庫の家を訪ねた。

用事の兼ね合いで駅に着いたのは夜の八時を過ぎていた。しかしワゴンは来ていない。連絡をしても返事がなかった。何事か急用でも入ったのか、それとも事故にでも巻き込まれたのだろうか。三十分ほど待っていると、駅ロータリーに大久保のワゴンが入ってくる。乗り込んだとき、間髪入れずに大久保が吐き捨てた。

「動物を轢き殺した」

強い口調だった。本当に死んだのかと訊き返すと「殺した」と彼は渋い顔を浮かべた。このやりとりは今もかなり印象に残っている。

一度降り、フロント部分を調べる。バンパー部分が歪み、車体との境目に隙間ができている。また、一部が酷く凹んでいた。さっきは気付かなかった。明らかに何かが衝突した痕だ。血痕のようなものはなかったが、代わりに黒い毛らしきものが少しだけへばり付いていた。少し長い毛足だった。

大久保は、保険は使いたくない、支払いが高くなるかもしれないからと渋面だ。忌々しいという口ぶりだった。何を轢《ひ》いたのか訊ねた。

「猫か犬か狸。倉庫の近く」

あの辺りなら狸も出るかもしれないと納得しつつ、慰めた。

しかし大久保の溜飲は下がらない。運転を始めてもずっと悪態を吐いていた。


倉庫の家が見えてきた辺りが、動物を轢き殺した現場だった。

大久保は車を停め、そこだと指差す。

道路を照らすヘッドライトの光の中、アスファルトの上に黒っぽい水溜まりのようなものが二つほど浮かび上がっていた。

喫茶店にあるような丸い金属トレイ、その二倍ほどの大きさに見えた。そしてそれぞれから道路脇にある茂みのほうへ太く濡れた線が続いている。

「あれ、血」

大久保は不機嫌な声を上げる。あれが動物の血液であるなら、確かに相手は死んでいても不思議ではない。多分、轢かれた動物は最後の力を振り絞り、茂みへ逃げたのだろう。

行き先を確かめても意味はないので、そのまま無視することになった。

ワゴンは血溜まりを踏みつけて、倉庫の家へ向かっていった。


玄関近くの洋室は、いつもより片付いている。

東北で仕入れた物は殆ど売れたと聞いた。が、それにしても物がない。未開封の段ボールどころか、畳んだ梱包材すらなかった。片付けたのだと大久保は言うのだが、ここまで整頓されているのは見たことがない。彼は効率を求める部分が多々あった。例えば、外へ出る場合はいつも複数のことを片付けられるように動いた。この倉庫の家だと「どうせまた散らかるのだから、商品スペースは最低限片付いていれば良い。何処に何があるのか分かればいい」のだと言っていた。

それなのに、ここまで整理整頓された状態は違和感しかない。

ふと、曽山さんは柔らかい香りに気付いた。柔軟剤などではなく、香水の残り香のような感じだ。それも、若い女性、清楚なタイプが好みそうなものだった。クラブなどではなかなか嗅がないような上品さがあった。

まさか、と思った。この家に若い女性が来ていたのだろうか。そしてその人物が片付けでも行ったのだろうか。誰か他に来ているのか、来ていたのか。冗談めかして訊くと、大久保の顔色が変わった。

「誰も来てねぇよ」

怒らせるような内容の話ではない。しかし彼は過敏に反応した。慌てて話題を変える。何故、今週ここへ来いと言ったのか、と。

機嫌を損ねたまま、彼は洋室から出ていくと、何かを持って戻ってきた。

東北のお礼と、誕生日プレゼントだと手渡されたのは、曽山さんが前から欲しかった時計とスニーカーだった。東北へ行く前、オークションで落としていたんだが、これを渡したかったから来てもらったと大久保はぶっきらぼうに言う。

「それに東北でお前が見つけたアレ、高値で売れたから」

中古品店に二束三文で転がっていた楽器と本が、十数万と数万で取り引きされていた。楽器はジャンク扱いだったがかなりレアなもので、本は所謂マニア垂涎のものだったらしい。

ありがたく頂戴したが、曽山さんは内心首を捻った。誕生日はまだ先だった。東北のお礼だけならまだしも、誕生日の贈り物をされる謂われがない。しかし何か言えば、更に機嫌を損ねそうだから、黙っておいた。


その後、大久保の機嫌は戻り、長い時間楽しく話し込んだ。

会話の間もあの香水の匂いが時折漂った。それも、時間とともに更に甘く柔らかく変化していく過程すら感じられた。何かの偶然で自分の身体に他人の香水の移り香が付いたのかと疑い、気付かれないように手足や服を嗅いだが、何処からも匂わない。

トイレを借りようと廊下に出ると、香りは強くなった。浴室へ続く脱衣所が開け放たれており、そこが出元のようだ。しかし、脱衣籠すらない殺風景な場所である。浴槽やシャワーはたまにしか使われないと聞いている。どちらかと言えば、入手した中古の商品に付いた汚れを落とすのに用いられていた。

深夜二時前、大久保が「これから用事があるから」と立ち上がった。

自宅近くまで送ると言ってくれたので、ワゴンに乗る。あの動物を轢き殺した場所へ差し掛かった。まだ血溜まりも線も残っていた。

通り過ぎてすぐ、強い香りが曽山さんの鼻の奥へ広がる。

鼻血が出たとき特有のツンとした鉄臭さと、甘い香りの香水が絡み合ったようなものだ。同時に吐き気を催した。大久保に訴えて、車を停めてもらう。

道端にある茂みに向かって、嘔吐した。

胃液になってもむかつきは止まらない。臭気も鼻の奥に残っている。身体をくの字に曲げて苦しんでいると、頭上に気配を感じた。

降りてきた大久保かと顔を上げたが、誰もいない。

茂みの向こうで、音がした。何か重い物を引きずるような音だった。

車の中から大久保が呼んだ。途端に臭いは消え、吐き気は失せた。

その後、自宅へ戻ったが、時々血の香りと強く甘い匂いが鼻の奥に立ち上った。

甘い匂いは、倉庫の家で嗅いだ物に少し似ていると気付いたのはそのときだった。

余談だが、大久保から貰った腕時計とスニーカーは二週間経たず壊れた。

最初は腕時計で、左側にあった金属ポールと腕が接触したときだ。ガラス面が割れ、針が飛んだ。修復には金が掛かるレベルの破損だった。腕も打撲してしまった。

スニーカーは歩道橋の階段を下り始めたとき、両足が後方へ引っ張られたようになって、踏みとどまった際に両方のソールが剥げた。

その際、両足は軽い捻挫を負った。更に、両爪先の親指と薬指の爪も剥がれてしまった。痛みと出血が酷かった。

足の痛みが引いた頃、修理できないか時計とスニーカーを持ち出したことがある。が、電車を降りるとき、何故か置き忘れてしまった。問い合わせしたが、結局出てくることはなかった。

五度目に倉庫の家を訪れたとき、壊したこと、なくしたことを大久保に謝った。

彼は特に怒るでも気遣うこともなく、フラットな態度だった。

五度目の訪問

五度目の訪問は、四回目から結構間が空いた。

怪我の痛みで出歩きたくなかったことに加え、折角貰った時計と靴を壊し、なくしたことで合わせる顔がなかったからだ。ただ、この間、大久保から一本の電話もメールもなかった。これ幸いと、自分から連絡することは控えてしまっていた。

ただ、時間が経つにつれ罪悪感が募る。曽山さんは大久保に電話を掛けた。顔を合わせて謝罪すべきだと思ったからだ。ただ、そのときは顔を見に行くとだけ伝えた。

約束は翌日の夕方になった。自宅と倉庫の家、どちらがよいかと聞けば自宅が良いという。大久保の家は曽山さんのアパートから二駅先だった。ショートカットをすれば歩いてでも行ける距離だ。

翌日、約束の時間に合わせ、曽山さんは徒歩で大久保宅へ向かった。

大久保の家は住宅街にある。密集した建物の間に挟まるように建った古い家屋だ。

大久保は玄関先で煙草を吸っていた。家の中は禁煙なのだ。若い頃に離婚を一度して以来、ずっと独りで住んでいると聞いていたから、多分彼なりのルールなのだろう。

曽山さんを見つけた大久保は、開口一番「倉庫へ行くぞ」と言った。予定を変えたようだ。

近くに借りた駐車場へ行き、ワゴンに乗ってあの家へ向かう。

運転中に切り出すのもよくないかと、到着まで謝るのを待った。

そして、いつもの洋室に入るなり、事の次第を説明し、頭を下げた。相手は怒りも、苦笑いを浮かべることもせず「あ、そう。別に良いよ」とだけ返す。

居たたまれない気持ちになる中、大久保が突然明るい口調になった。

「コレクション部屋が完成した」

　見せるから来いと、二階へ連れていかれる。よくよく考えると、この倉庫の家を借りてから二階へ上がったのは久しぶりだ。確か、何もなかった頃、一度だけだった。

二階全ての部屋をコレクションルームにしたと、大久保は自慢する。

和室は骨董関係。右側の洋室は書籍。正面の洋室は楽器関連だった。どれも所狭しと箱やケース、本棚で埋め尽くされている。

骨董は茶碗などの陶器、掛け軸が主流で、他に刀が少しあるらしい。

書籍は絶版になったものと発禁本がメインだ。シンプルな棚にぎっしり並んでいるが、マニアが見れば喉から手が出るほどの価値を秘めているようだ。

楽器はギターやベース、他機材が主なものだった。殆どがケースに入れられ、外気に触れないようにされている。海外のヴィンテージ、国内ヴィンテージ、試作品のみのレア機材だらけと聞かされたが、あまりピンとこない。いや、曽山さん自身、骨董や書籍、楽器に暗いから価値が分からなかった。ただ、高い物だと言うことだけは理解した。

ふと気になってセキュリティはどうなっているか訊ねた。

「入れてない。でも、動産保険は掛けた」

動産保険とは、不動産とは違うもの、即ち動かせる物に対しての保険である。対象物は色々な条件があるが、取り扱い商品や個人的コレクションもカバーしているケースが多い。大久保の場合、骨董は商品として、楽器類は商品及び生活動産として保険を掛けたと聞いた。書籍に関しては覚えていない。そもそも、そういった名目で保険対象になるのか判断が付かなかった。だから大久保の言うことを信じるしかなかった。

その日、大久保は一本の鍵を渡した。ピンクの細いリボンが付けられている。

「ここの合鍵。大切に扱え、いつでも来て入ってよいから」

倉庫の家の鍵だった。ここは最寄り駅からでも車がないと来られない。大体、大久保と一緒じゃなければ、この家に来る意味もない。だから要らないと断れば、彼は酷く怒った。折角お前だからと鍵を――そんなふうに怒鳴りながら半ば無理矢理押し付けられた。

渋々受け取りながら、大久保の性格が以前と少し変わったような気がした。何処がどうとは言いづらいのだが、それでも何かが違う感覚があった。

午後八時過ぎ、大久保と倉庫の家を出た。

玄関で香水の匂いが漂った。少なくとも前の物とは違う。少し華やかな雰囲気が合った。それこそ、大人の女性達が使うようなイメージの香りだ。出所を探ろうとしたとき、階段辺りで生木を裂くような音が数度鳴った。かなりの音量だった。

ほぼ同時に、大久保が怒鳴り声を上げた。短いせいで何と言ったか分からない。

倉庫の家はしんと静まりかえった。

大久保に促され、合鍵で施錠する。音はもう聞こえなかった。

大久保の自宅まで戻り、近くのチェーン居酒屋で二人、食事をした。

あまり飲まない大久保がその日は短時間に痛飲し、覚束《おぼつか》ない足どりで帰っていく。送ると言ったのだが、彼は強い口調で断った。

六度目の訪問

あの後も大久保と数回会ったが、大体が外だった。

カフェや食事が多かったと思う。自宅にも、倉庫の家にも行かなかった。

会うときは大概二人だ。大久保を曽山さんに紹介した相手も、また二人共通の知人や友人ですら同席しない。考えてみれば、倉庫の家を借りる直前頃からほぼ一対一で会っている。会う約束をするとき、どちらとも他の人を誘おうと言う言葉すら出てこなかった。今となってはそれがどうしてだったのか理由を思い付けない。

寒い時期だった。友人からバイクを格安で譲ってもらった。二五〇ｃｃの中型である。

試し乗りついでに、大久保に見せてやろうと電話を掛けるが出ない。メールも返信が来なかった。仕方がないなと防寒対策をして出かけた後、メールの返信が来た。

『倉庫にいる。駅まで来るか？』

電話を掛けるが、やはり出ない。メールを返した。

『バイクを買った。見せたいから倉庫で待っていてください』

『分かった。来るとき冷たい飲み物とアジシオ頼む。後で払う』

承知し、倉庫の家へ向かった。

着いたのは、午後二時過ぎだ。あの荒れた庭に白いワゴンが駐まっている。

長距離を走ったせいで、身体は芯から冷えていた。

玄関でチャイムを鳴らすが、出てこない。庭に回って中を覗くが、カーテンが閉め切ってある。さっき見たときは気付かなかった。まだ明るいのに何故閉めているか分からない。

ぐるりと家の周囲を回った。何処も鍵が掛かっており、幾ら呼んでも大久保は出てこない。

ワゴン内部も覗いてみたが、いなかった。歩いて出かけたのだろうか。この近くに行く場所はないはずだ。合鍵を使うか悩んだが、何となく抵抗があって止めた。

が、寒さと強い尿意に負けた。合鍵を取り出し玄関を開け、薄暗い家の中へ入る。フルフェイスのヘルメットを脱ぐと強い香水の匂いが鼻を襲った。一種類ではない。複数の香りが混ざり合ったもので、逆に悪臭に近くなっている。耐えつつ、トイレへ飛び込んだ。

用を足して出てくると、香水の臭気は消えていた。

家の中は冷えている。外気より低く感じるくらいだ。酷い悪寒が始まった。

ふと大久保は大丈夫なのかと頭に浮かんだ。もしかしたら何処か室内で倒れているのではないか、だから返事がないのではないか。

いつもの洋室へ入った。カーテンが閉じられているせいで、やはり薄暗い。

大久保の姿はない。事務机に頼まれ物の飲み物とアジシオを置いた。

和室、浴室、一階のどこにもいなかった。押し入れもチェックしたが、見つからない。

二階へ上がる。和室、洋室二つ、押し入れ、何処も同じだ。薄暗く、そして人がいた気配はない。窓も閉まっていて、施錠されている。

電話を掛けた。取らない。着信音も家の中から聞こえない。メールをしても返信はなかった。リダイアルしながら二階の三部屋をもう一度調べる。

コレクションが少し減っているような気がした。いや、確実に少なくなっている。骨董の箱や楽器ケースは虫食い状になくなっており、書籍棚に空きが幾つもあった。

コレクションだ。売るはずはない。泥棒でも入ったのか。いや、鍵は全部掛かっていた。

動産保険のことを思い出した。まさか、大久保は保険金詐欺でもするつもりなのだろうか。保険の掛かった品々がなくなったという狂言の為に、コレクションの一部を抜き去ったと考えると辻褄が合う気がする。否。曽山さんに合鍵を渡したのは、泥棒の濡れ衣を着せるつもりではないか。想像でしかないが、そのときは本当にそう思った。

ここにいてはいけない。一階へ下りようと階段に足を掛けたとき、言いようのない感覚が襲ってきた。無理に例えるなら、狭い部屋の中に何人もいるかのような、か。大学のサークル棟の部室にたくさんの人が集まったときに近い。息苦しい。温い。圧迫感。そして──人のざわめき。いや、実際にざわめきは聞こえていない。しかしそんな気がして仕方ない。女性達が周りでヒソヒソ話している声のように感じた。

立ち尽くしていると、強い視線を感じた。あの、熊のぬいぐるみのことを思い出した。ただ、今回はそれよりも多い。周囲をぐるりと取り囲まれ、見つめられているようだ。

気付くと洋室のドアが少し開いていた。もう一つの洋室のドアも隙間が空いていた。和室へ通じるドアも、僅かに開いていた。どれもちゃんと閉めた記憶がある。

閉じ直すか考えた。恐る恐るそれぞれに視線を巡らせた。隙間の向こうには何もいない。いや、多分いなかった。それでも視線は続く。

慌てて階下へ行くと、いつもの洋室のドアが大きく開いている。閉めて出たか。どうだったか、覚えていない。

さっきチェック済みだが、気になったので改めて覗く。

事務机の上に、さっき置いた頼まれ物がある。が、他に小さめの段ボールが二つあった。さっきはその存在に気付かなかった。いや、こんなものがあったら分かるはずだ。しかし記憶にない。どちらもネット通販大手の箱だ。二つとも口が開いていた。

早く外へ出なくてはならないのに、どうしても箱の中身が見たい。中へ入り、箱を覗き込む。そこには花柄やダークカラーの小さなポーチと様々な財布が詰め込まれていた。一つ手にとって分かった。ポーチは化粧品入れだった。財布は全て女性が持っているようなデザインだ。

もう一つの箱には分厚い封筒がぎっしり詰め込まれていた。その隙間を塞ぐように、薄い冊子状のものが差し込まれている。抜いてみた。銀行の通帳だった。名義は大久保ではなかった。何冊か調べたが全て名前が違う。それぞれ保険会社からの振り込みがあった。

また強い視線を感じた。背後からだった。振り返る。

ミントグリーンのカーテンがほんの少し開いていた。

そこからガラス越しに外が見えた。弱い陽光が庭とワゴンを照らしている。誰もいない。ただそれだけなのに、異様な恐怖が襲ってきた。慌てて玄関から出ると、鍵を掛けた。

何となく、服の袖で取っ手を拭ってしまった。考えてみれば、室内も同じく拭かなければ意味はないのだろうが、そのときは全く気付かなかった。

バイクに飛び乗り、倉庫の家を後にする。

振り返るとワゴンはまだあった。二階の和室があるベランダのカーテンが揺れていたような気がした。窓は開いていなかったはずだった。

その後、何度も大久保に電話を掛けた。メールも送った。しかし返事はなかった。

代わりに非通知の電話が二本掛かってきた。取らなかった。

坩堝

六度目の訪問から数週間経った。

大久保から連絡はなかった。勿論、自分からコンタクトも取らなかった。

何か犯罪に巻き込まれたのではないかと戦々恐々としていたからだ。

そんなとき、大久保を知っている共通の友人から連絡が入った。

『大久保さん、連絡取れないか?』

彼が言うには、解約されたのか、携帯が繋がらない。メールも届かなくなっているらしい。

曽山さんも恐る恐る掛けてみたが、友人の言う通りだった。

大久保の自宅へ行くと〈売り家〉の看板が出ている。空き家になっていた。

倉庫の家に移り住んだのかと予想もしたが、確認に行く勇気は出なかった。

以来、大久保の消息は不明になり、曽山さんは就職して関東の東に移り住んだ。

就職後の春、新しいアパートに住み始めたときだ。

一本の電話がスマートフォンに掛かってきた。知人のものと名前が表示されていた。出ると『オオクボ　ダ』と言う。ただし、声は全く違う。そして日本語に不慣れな外国人のようなイントネーションだった。オオクボとは、あの行方知れずの大久保だろうか。何故知人の電話で掛けてきたのか。電話の相手に訊くと一瞬の無言になる。そして表示されていた知人の声で『もしもーし。聞こえてるか?』と返ってきた。知人は電話を掛けたら、何も聞こえないから繋がりが悪いのかと思ったらしい。切る寸前、曽山さんの声が聞こえた。大久保がどうとかと言っていた、と知人は言う。二人で困惑する他なかった。

それからも友人知人から電話が来ると、何度かに一度は『オオクボ　ダ』があった。毎回ほぼ同じであった。

世界的病魔が流行し始めてから、一度だけ「オオクボ　ダ」の電話に変化があった。

知人からの番号でオオクボ　ダ、の後『もしもーし』と聞こえた。ああ。いつも通りだなと思って「曽山です」と答えた途端、相手が低く抑えた声になった。

『曽山さん。五年だ。五年だ。五年だ。五年だ。五年だ。五年だ。五年だ――』

流暢《りゅうちょう》な日本語だが、覚えのない若い男の声だった。五年と幾度も連呼した後、国の名前と一緒に細かい地名を話し出す。メモを取っていないので覚えていない。中には日本を含むアジアの名前や欧米など色々あったと思う。日本で覚えているのは京都、宮城、東京、奈良、佐賀、北九州、熊本、静岡、正確性に欠けるがこの辺りだろうか。

電話は『分かった？　曽山さん。オオクボ――』で突然切れた。

すぐさま電話が鳴る。この〈五年だ電話〉のときに表示されていた知人からだった。ずっと無言だったから一度切って、掛け直したと言うことだった。

今も『オオクボ　ダ』電話は稀にあるが、五年だ、は二度とない。

曽山さんは、大久保の画像を一枚だけ保存している。

大久保が上半身裸のものだ。

大久保の自宅の中、後ろからのアングルで、彼は両腕をだらりと垂らしたまま身体を向かって右に捻り、レンズのほうへ顔を向けている。肩から背中に掛けて和彫りの刺青が丸見えだ。

図案は、日本画によくありそうな立ち姿の和装の女である。刺青の女は妙に細長い顔をしている。着物の片肌を脱いだ状態で、後ろには菊らしき花が乱れ咲いていた。

ただし曽山さんには〈こんな写真を撮った覚えも、貰った覚えもない〉。

だが、消す気分にもなれず、機種変の度に保存し直しているようだ。

そして、返しそびれた合鍵は、今も手元に残している。

最近、大久保が倉庫にしていた家を確認した。

今も残っていると言う。外観は変わらずだが、やはり少し傷みが目立ち出したようだ。

人は住んでいない。庭に建築資材らしきものが僅かに積んであったが、それも雨風に晒されて、すっかり傷んでいた。長い時間使う当てもなく放置された証拠だ。あの後、建築関係の会社が借りるか買ったかのどちらかだったかもしれない。

鍵が取り替えられていれば合鍵は使えないが、確かめる気は一切なかった。

再びあの倉庫の家に、大久保に対し因果が芽生えるのが厭だからだ。

では何故、刺青の画像と合鍵を持ち続けるのか。手放すべきではないか。

それは本人が黙して語らずを貫き通している。

だからここでは書くことができない。

御了承頂きたい。


因みに、東北と彼——曽山さんの関係が始まったのは大久保がきっかけと言えよう。

それはまた別の話である。

開放的な家

高橋さんが、自分の建築設計事務所を立ち上げて十年になる。

飯野と名乗る依頼主が現れたのは今年の初め。飯野は少し、いやかなり偏った男性だった。

まだ三十代前半だが土地は購入済みで、建築予算も潤沢に用意している。それを成し遂げたのには、理由があった。

飯野は極端な節約家なのだ。最初の面談で、飯野は滔々《とうとう》と節約論をぶち上げた。名の知られた企業で、出世コースをひた走るエリートである。節約などしなくとも、余裕のある暮らしが営めるはずだ。それでも節約に勤しむのは、持って生まれた性質なのだろう。

何回か面談するうち、高橋さんはそう理解した。話し方や態度は、正直なところムカつく。だが、そういう人間だと分かっていれば、却って対応は簡単だ。

高橋さんは気持ちを切り替えて、節約を第一に設計を開始した。節水、節電は元より、風通しや日当たりなどを最大限に活かせる間取りを考え抜く。

結果、これ以上はないほどの試案ができあがった。図面を見終えた飯野は、険しい顔で質問してきた。

「玄関、何でここなの。表通りから遠くなるよね」

「あ、それはですね、風水と家相から見て最適な場所がそこになるんですよ」

「出た出た。こう来ると思ったから、取りあえず書かせてみたのよ。いいか、風水とか家相とかは一切必要ない」

そこから延々と飯野は語り始めた。

湿った場所は身体に良くないとか、日当たりの悪い部屋では子供が育たないとか、風水に関係なく当たり前のことだろう。

だったら風水とか家相を知らない国の人間は、漏れなく不幸になるのか。住んでる人間が不便でも風水が正しいなら、幸福なのか。最高の風水の家は、地震や火事でも傷一つないのか。

「要するに、風水なんて無駄の極みなんだよ。いいか、玄関はここだ。ここにしてくれ。そのほうが合理的だ。鬼門になる？　面白い、こっちは仕事の鬼だからちょうど良い。それと台所もこんな場所じゃなくていい。寝室は通りから離してくれ。あ、神棚も不要。これこそ無駄の代表だ」

飯野は次々にダメを出し、それ以上の議論は必要ないといった顔で睨みつけてくる。高橋さんは早々に引き下がった。

高橋さん自身も、風水を丸々信じている訳ではない。あれはまじないや占いではなく、統計学だと理解していた。

だから、使いやすく長持ちのする家を設計すると、風水的に良いものになってしまうのも確かだ。

飯野が希望した通りに図面を引き直すと、何とも歪な家になった。家事動線、通勤動線、衛生動線などが絡まり合い、生活し難くなるのは目に見えている。

だが、図面を見た飯野は満足そうに頷き、これで良いんだよ等と言っている。胸の中で溜め息を吐く高橋さんに向かって、飯野は更に驚愕すべきことを言った。

「それと、地鎮祭はやらないから。あんな馬鹿げたイベントやるだけ無駄だ」

この時点で高橋さんは、自分に言い聞かせた。個人的には最悪な仕事だが、お客様が満足しているのだから、これで正解なのだ。

宣言通り、飯野は地鎮祭どころか、上棟式も竣工式も全て行わなかった。

建築業者は本気で嫌がっていたが、幸いにも事故は起きなかった。こうして飯野は地鎮祭なし、風水無視の我が家を手に入れたのである。

十日ほど経った頃、高橋さんは新築祝いを持参し、飯野家を訪ねた。

できれば二度と会いたくない相手ではあるが、それとこれは別だ。

事前に連絡していたにも拘らず、飯野は不在だった。出迎えてくれた奥さん曰く、急な仕事ができたらしい。

奥さんに続いて玄関に入った高橋さんは、思わず眉を顰《ひそ》めた。

片隅に大量の埃が溜まっている。土間のあちこちに泥がこびりついている。掃除をしたことがないのは明らかだ。

奥さんは全く気にする様子もなく、居間へ向かっている。スリッパなど履かず、ぺたぺたと裸足のままだ。

廊下も当然のように埃が溜まっている。照明器具には蜘蛛《くも》の巣が張っていた。

掃除が苦手なのかもしれないが、それにしても住み始めてまだそれほど経っていないのだ。居間の荒れようは、玄関や廊下どころではなかった。驚いたことに、フローリングも泥まみれだ。窓ガラスはヒビが入り、壁は黒カビに彩られている。

綺麗、汚いどころの問題ではない。人が住んでいるのに、これではまるで廃屋ではないか。

そんな状況にも拘らず、奥さんは笑顔で会話を始めた。

「高橋さんには何とお礼を言っていいか。主人も、良い人を見つけたと喜んでいますのよ。娘も余程気に入ったのか、引っ越してからずっと部屋から出てこようとしないし」

笑っていて良いのだろうか。高橋さんは早く帰りたいと大声で叫ぶ心を抑えつけ、子供部屋を見せてほしいと頼んだ。

「勿論ですわ。さ、こちらへどうぞ」

再び埃と泥まみれの廊下に戻り、階段を上がる。二階も似たようなものだ。子供部屋のドアを開けた途端、悪臭が噴出してきた。

自らを必死に励ましながら、中を覗き込む。ベッドの上に少女が胡坐《あぐら》を掻いていた。この部屋も他と同じく泥まみれだ。

少女は無表情で微動だにしない。

「もうほんとにこの子ったら。挨拶ぐらいしなさい。この家を設計してくれた高橋さんよ」

その瞬間、少女は首だけを動かして高橋さんを見た。感情が分からない顔の唇だけが動いた。

「たすけて」

囁くような声だが、はっきりと聞こえた。

奥さんにも聞こえたはずだが、何の反応もない。少女が再度〈助けて〉と呟いた。その声を掻き消すように奥さんが大声で言った。

「はいはい、今日はハンバーグにしましょうね。高橋さんも食べていってくださいな」

奥さんの誘いを無視し、高橋さんは小声で暇《いとま》を告げると、逃げるように玄関に急いだ。

この家はもう駄目だ、これは助からない、大変な家を作ってしまった。

譫言《うわごと》のように繰り返しながら、高橋さんは玄関を飛び出した。


地鎮祭をやらなかったことで何かが発生した。本来なら、そういったものの立ち入りを食い止めるべき家が、出入り自由の状態になっている。

鬼門を開放し、神棚すらない家が、住む人を守るはずがない。これが高橋さんの結論だ。

その後、飯野家がどうなったかは知らない。娘さんのことは気になるが、個人の力ではどうにもならない。今でも、家の近くは避けて通っている。

ただ、一度だけ飯野本人が事務所に来たことがある。たまたま、高橋さんは出かけていた為、バイトの女の子が応対した。

伸び放題の髭と髪で、服も薄汚れて臭っており、ホームレスが来たと勘違いしたそうだ。リフォームをお願いしたいと呟くように言い残し、飯野は立ち去った。

立っていた跡は、何故か泥だらけになっていたらしい。それを最後に、飯野が現れることはなかった。

座敷童

「住んでくれるなら金は要らねぇんだよ。俺ぁ来月から老人ホームに入るからよ」

紹介された師匠筋の老板前は、杉本さんに渡りに船だと言ってくれた。

杉本さんは子供が大きくなったこともあり、今住んでいるアパートが手狭になっていた。

そんな話を先輩の板前達との飲みの席で漏らすと、先輩方が手を尽くして物件を探してくれたのだ。

その老板前とは初対面だったが、以前世話になった店の兄弟子からの紹介だ。

条件は破格だった。家賃は払う必要はない。何なら家財道具もそのままにしておくから、使えるものは使ってもらって構わない。

老板前のほうにも、生きているうちには息子さんに相続できないが、かといって家を遊ばせておくのは勿体ない。そのような理由があったようだが、杉本さんの側からすれば、ありがたいことこの上なしだ。

早速その家を内見させてもらうと、木造の二階建てで部屋数も多く、造りは古くても快適そうだった。妙に台所が広いのも気に入った。流石に板前が指示して建てた家ということなのだろう。家主の家財道具も整理されていて、殆どが二階の一室に収められていた。

丁寧に礼を言い、老板前の厚意を受けることにした。

その家で暮らし始めて半年ほど経った。

杉本さんはその日の仕事を終えて家に帰ると、晩酌にビールを飲みながらテレビを見始めた。家族は既に休んでいる。一人で晩酌する習慣は結婚するよりも以前から続いている。

テレビはどの番組も詰まらなかった。

——もう寝るか。

コップの底に残っているビールを飲み干した。

するとそのとき、ぼんやりとした影が襖を抜けて部屋に入ってきた。酔っ払うほどの量は飲んでいない。目の調子でも悪くなったかと瞼を擦ってみても、それは消えなかった。

影の背丈は五、六歳の子供くらいで、絣《かすり》の着物を身に着けているように思えた。

それは部屋の中をくるくると歩き回った後で、また襖をすり抜けて出ていった。

杉本さんは、それを見ている最中は、どう反応したものか分からなかったが、その姿が消えた直後に、全身に強い悪寒が走った。

——全身から体温を奪われるみたいな感じ。

彼はそう述懐する。

その翌日、彼は何もない廊下で足首を強く捻って捻挫した。

勿論、そのときには何も思わなかった。ただ、不運なこともあるなと考えただけだ。

だが、それが件の影のせいだと現在では確信している。

理由は、影が出ると、その度に何か小さな不都合が起きるからだ。

影は数カ月に一度現れた。

あるときには、健康保険証がぐしゃぐしゃに丸められて捨てられていた。

別のあるときには、役所に提出しなくてはならない書類が、途中の一枚だけ行方知れずになった。

大事にしていた趣味の釣り竿が縦に裂けたこともある。

電気製品が不具合を起こすのも、決まって影が現れた翌日だった。

明らかに因果関係がある。

影の姿を見ることができるのは、どうやら家族の中では杉本さんだけのようだ。家人に説明をしても、嫌なことを言わないでと怖がられるだけだった。

お祓いに行っても効果はなかった。

そもそもお祓いの結果が、次に影が現れる数カ月先まで持つのかもよく分からない。

ただ、影は家の何処にいても現れたが、一箇所現れない場所があった。

それは台所だ。台所の四方には毎日盛り塩をしている。それが良いのかもしれない。

杉本さんは大事な書類などは、普段から台所に置くようになった。

「――あの家、悪い座敷童がいるんですよ」

ある夜、先輩の板前と飲んでいるときに、住んでいる家の話になった。愚痴というほどのものではないが不思議なことが起きるのだという言い方で、例の影について説明をした。

「いや、実際今日も見ちゃったんですけど、酷い目に遭いました」

朝、仕事場に出かけようと玄関に通じる廊下のドアを開けた。すると、その廊下に影がいた。今日は十歳ほどの背丈に赤い服を着ているようだ。

急いでいたのでそれを無視して家を出て、駐車場に向かった。

車のスマートキーのボタンを何度押してもドアのロックが反応しない。恐らく影のせいで電池が切れているのだろう。

そう思って物理キーを取り出し、キーホールに差し込んだ途端に金属製の鍵が根元からぱきんと音を立てて折れた。

「そんなこんなで、今朝は大変だったんですよ。座敷童の奴も、見る度に背の高さが変わっていて、何体いるのか分からないんですよね。五、六歳から十歳くらいの背の高さで毎回着ているものが違うし――」

杉本さんの言うことを黙って聞いていた先輩は、少し思案した後で口を開いた。

「お前の一番大事なものを、ちゃんとメンテナンスして置いておくといいよ」

その口調が何か確信している物言いだったので、杉本さんはそのアドバイスを受け入れることにした。

家族以外で自分の最も大事なものは何だろう。

すぐに杉本さんの頭に浮かんだのは、普段から使っている包丁だった。

職人にとって最も大事なものは、相棒とも言える道具である。それは板前であっても変わらない。

だが、彼の大切にしている包丁は、何本もある。

自分で購入したものもあれば、親方や兄弟子から頂いたものもある。どれも愛着のある包丁だ。

ただ、全ての包丁を満遍なく使っているかと言われると、そうでもない。

――家に憑いているのか、それとも包丁か。

どちらか分からない。どちらとも言えそうなのがもどかしい。

杉本さんは自分の持っている全ての包丁を丹念に研ぎ直すことにした。

確かにそうすると、半年から一年近くは影を見かけない。

だから今でも彼は「悪い座敷童」の出る家に住んでいる。

それが出ると全身の体温を奪われたように寒くなるし、翌日には悪いことが起きるのも続いている。

ただ、その家から出て、家賃を払い続けることに比べれば、大したことはない——。

杉本さんは老人が亡くなるまでは、その家で暮らすつもりでいる。

異国の部屋

舞衣さんが語学習得の為に選んだ留学先は、東南アジアの中央部、マレー半島の南端に位置する島国——シンガポールであった。

公用語に含まれる英語と中国語を学びたかったことと、治安や衛生面の良さに加え、多民族国家である同国の、アジアとヨーロッパの文化が混じり合った都市の魅力に強く惹かれたのが、その理由だという。

紹介されたホームステイ先の住居も、ネオ・ゴシックやバロック等の西洋建築のデザインを取り入れたプラナカン様式と呼ばれる洒落た物件で、ホストファミリーは勿論、ヨーロッパからの留学生だという先住のルームメイトにも歓迎され、舞衣さんはこの留学が最高のものになるだろうと確信した。

だがその確信は、僅か数日で大きく揺らいだ。

眠れない。

どんなに枕が変わろうと、すぐさま熟睡できるのが自慢だったのに、その部屋で寝泊まりするようになってからは、圧倒的に寝付きが悪くなった。

ベッドに入ると、何故か鈍い頭痛と激しい動悸に見舞われた。日中は何事もなく、元気に過ごしているのにも拘らず。

続いて、寝具一枚では耐えきれないほどの寒気が襲ってきた。発熱している訳でも、冷房が強過ぎた訳でもない。あまりの寒さに閉じていた瞼を開けると、灰色に靄《もや》がかった半透明の塊が、自分の身体を覆っているのを目にした際には流石に、

「この部屋は何かおかしい」

と、思い至った。

だとしたら、何故同じ部屋で暮らしていながら、ルームメイトの留学生は何の問題もなく、快眠快食の健康的な生活を送れているのだろうか。

もしかして彼女も、口にこそしないが何か不穏な空気をこの部屋に感じているのではないだろうか。

真相を確かめたくて、ルームメイトをカフェに誘い出し、片言の英語で訊ねてみると、

「私は平気。でも貴女もなのね」

「貴女も」と、中欧からやってきた留学生は、妙なことを口にした。

「恐らく原因は二つ」

親指と人差し指で二の数を表すのは、お国柄なのだろうか。

そんなことを考えながら、舞衣さんは彼女の話に耳を傾けた。

「あの部屋の下が、霊が通る道だから」

そう言って一つ目に挙げた理由には、舞衣さんも思い当たる節があった。

シンガポールの都市部では、三棟の高層ビルが天空のプールを支える「マリーナベイ・サンズ」を筆頭に、独創的なデザインの建築物が多く目に付く。同国では台風や地震の自然災害のリスクが少なく、日本と建築の法令が異なる上、風水にこだわって設計されているからだと、留学当初の市内観光時に、現地のコーディネーターから教えられた。

低層だけでなく見上げるような高層ビルにおいても、数本の柱のみで支えられ、建物が高床のように地面から離れて位置する建築物をよく見かけた。湿気などへの対策かと思えば、そこにも風水的な理由があるという。

「霊の通り道を空けている」

のだそうだ。

舞衣さんらのホームステイ先は、先にも書いた伝統的なプラナカン建築の、複数の住居が長屋のように連なるテラスハウスである。その特徴は、各戸の玄関前に両隣の家と繋がる通路があり、柱によって支えられてせり出した二階部分が通路の屋根となって、アーケードの形をなしている点だ。与えられた寝室は、正にその通路の真上に位置する、二階の住居部分であった。

自分が寝ている下に通る道が、霊道――。

頭痛に苦しみながらもベッドに横たわっていた際、襲ってきた冷気が床下から湧き上がってきた感覚を思い出し、舞衣さんは納得せざるを得なかった。

のか？

「じゃあどうして、貴女は平気なの？」

同室で寝泊まりしているのに、欧州の留学生の彼女だけが何も感じないことに理由はあるのか？

舞衣さんの問い掛けに、

「分からない？　貴女のナショナリティ（国籍）のせいに決まっているじゃない」

彼女は何故かきつい口調で告げると、舞衣さんが知らなかったシンガポールと日本にまつわる、とある歴史的事実を教えてくれた。

一九四〇年代、日本の占領下にあったシンガポールで、日本軍の強行によって多くの中国系住民が逮捕、そして処刑された「華僑粛清事件」。あの部屋の下を彷徨《さまよ》っているのは、その殺戮《さつりく》行為による犠牲者達の霊であると。

「だから日本人の貴女だけが、不快な現象に悩まされるのよ」

「貴女も」の言葉通り、舞衣さんの前にルームシェアしていたのもやはり日本人学生で、夜毎魘され、僅か一カ月でホームステイ先を変えたのだという。その学生は、自分のベッドを取り囲む何人もの黒い人影を目撃したのだとも。

留学生の言葉に、舞衣さんは大きく衝撃を受けた。怪異の真相を恐れるよりも、自国が起こした重要な歴史的事件を知らないまま、シンガポールを訪れていた無知な自分を強く恥じた。

半年を予定していたホームステイを繰り上げて、舞衣さんは三カ月で日本へ帰国した。

最後の数週間は問題の部屋を出てホテルで過ごしたが、その間の就寝時には嘘のように安眠できた。

問題の部屋のホストファミリーは、日本人のみが奇妙な体験をすることを知っていて、敢えてそこに住まわせていたのではないか。当初の予定より日本人ゲストが早く部屋を出ていった場合、また新たにゲストを迎えて契約金を入手することができる。それを狙って、わざと日本人を選んでいるのでは？

体験談を伺い、こちらが出した考察に、

「ホストファミリーは、みんないい人だった。そんなふうには考えたくない」

舞衣さんは、迷いのない瞳でそう答えた。

投函される鈴

この感染症禍下で、勤め先がリモートワークに切り替わったHさんは、一日じゅう家に籠もってパソコンに向かう生活に、身体がなまっているのを感じていた。

そこで見つけたのが、市の広報誌で募集していたポスティングのバイトだ。月に一度、自転車で町内をぐるりと回りながら、何日か掛けて全部で千部ほどの広報誌を各家庭の郵便受けに投函する。単価は呆れるくらい安かったが、ちょっとした運動になって小遣いも貰えるなら悪くないと思い、申し込んだという。

実際にやってみると、これがなかなか面白かったのだそうだ。普段はジロジロ見たりはしない、知らない家の表札やポストに書かれた名字が否応なく目に入るので、「へえ、この辺りってこの名字が多いんだ。何か由来があったりするのかな?」「近い区画に同じ名字が固まってるから、これは一族なのかな?」なんてことに気付いて、地元の歴史について想像が膨らむのだという。

楽しくバイトしていたHさんが、「それ」に気付いたのは三回目の配布のときだった。

前面が扉になっていて開口部の広い郵便受けだと、投函するときに中が見える。……コロンと一つ、小さな鈴が転がっている家が何軒かあったのだそうだ。

最初は「合鍵をポストの中に入れていて、そのキーホルダーが取れてしまったのかな」などと思っていたが、町内にそんな郵便受けを五軒も六軒も見つけてしまうと話が変わってくる。

風水のようなおまじないかとも考えたが、スマホで調べてみてもそれらしいものは出てこない。近所の子供のいたずら――？　しかし、Hさんにはそうも思えなかった。桜田という、忌中札が貼られて線香の匂いが漂っている家の郵便受けにも鈴が入っているのを見つけたからだ。単なる遊びなら、流石にこういう家は避けるのではないだろうか。

誰かが、何かの意図を以て特定の家を選んで鈴を置いている？

それも普通の鈴ではない。何軒か目で、Hさんはつい手に取ってそれをしげしげと見てしまった。直径二センチほどの丸い鈴で、表面がマジックか何かでぐちゃぐちゃに黒く塗りつぶされていた。

気持ち悪。思わず投げ捨てて、そしてHさんは気付いた。指に、黒くインクが付着していた。乾いていなかったのだ。

つまり、鈴が塗られて投函されてから、そう時間は経っていない。

Hさんは何だかぞっとして、その後はなるべく郵便受けの中を見ないようにして配布を終わらせたという。

それから二週間ほど経った晩、買い物帰りのHさんは近所で火事に出くわした。

通りかかった頃には火は殆ど消し止められていたが、消防車が何台も停まっていて、野次馬が集まっていた。

小柳という大きなお屋敷——あの日、郵便受けに鈴が入っていた家の一つだった。

ふとそれを思い出したHさんの脳裏を、何故かあの忌中の桜田家の光景がよぎったそうだ。そして、ある疑念が浮かんだ。

翌朝、記憶を頼りに、鈴が入っていた家を辿ってみた。横井、樋口、桂木、林。四軒目を回る頃には、予感が確信になった。全て、名字に木偏が入る家だった。

……それが何を意味するのかも、黒い鈴と桜田家や小柳家の不幸に関係があるのかも分からないが。ただ。

いつか自分の家にも鈴が投函されるのではないかと、Hさん——橋本さんは怯えている。

呪文よね

「ねえ、あれどうする？」

「まだ、出てるな」

「教えてもらった呪文、唱えた？」

「ああ」

「それでも、消えないんだ」

「いや、取っ払って、タイルで塞げば出てこないだろ」

「それ、もうやったよね？」

「そうだっけ？」

「塞いだタイルも、送り返されたし」

「何処から？」

「さあ、山奥の住所だった気がするけど……」

「じゃあ、呪文しかないな」

「今、やってよ」

「おみみのほねにみみずが○※▼◇■×△——」

少なくとも私にはこう聞こえた。記号は聞き取り不可能だった箇所。

「……変わらないね」

「今度は、ゆっくり唱えてみるよ」

暫《しば》しの沈黙の後、男性の声が再び聞こえてきた。

「おみみのほね、みみずのくそ、はえあたま、ぞうきんのしる、ぐるぐるのめだま」

「それ、呪文よね？」

「そうだけど……まだ、出てるな」


幾つもの取材を重ねていると、奇妙なことに出くわすときがある。

ある取材の冒頭で、昌枝さんという六十代の女性から、ボイスレコーダーで録音された男女の会話を聞かせて頂いた。

この二人は、彼女の息子とその妻である。彼らの一度目の精神科への入院後、二人のやりとりを昌枝さんが内密に録音したものだそうだ。

会話の一部を抜粋し綴《つづ》ってみたが、息子夫婦は先と同じ内容を繰り返し話していた。

彼らはまだ二十代。社内恋愛の末、数年前の春過ぎに入籍した。

昌枝さん曰く、二人はごく平凡な仲の良い夫婦であったという。結婚後も共働きで、真面目に働いていた。また、二人とも、精神疾患の既往歴もなく、心身ともに健康な若者であった。

それが結婚後、いや、あの部屋に引っ越してから変貌してしまったという。

晴れて夫婦になった二人の新居は、三階建ての賃貸アパートだった。

築年数こそ古いが、大家が大規模なリノベーションを施し、外装内装ともに新築のような装いを呈している。借りた部屋の間取りは2DK。日当たりのいい最上階の角部屋だ。駅前は賑わいを見せ、そこから徒歩十分以内でアパートに着く。少し歩けば緑溢れる大きな公園もあり、申し分のない物件である。しかも家賃は相場よりも安かった。

入籍前に部屋を内見した息子夫婦は、その場で即決した。

契約後に息子からそのことを聞いた昌枝さんは、家賃の低さを訝しんだ。更に詳細を訊ねると、その物件は一年以上、誰も借り手がいなかったとのこと。

「それって、瑕疵《かし》物件なんじゃ……もしそうなら、縁起が悪いわよ」

心霊など信じていなかった彼女であったが、新婚夫婦の明るい門出に影が差すように感じ、やんわりと反対した。

「それなんだけど、何もなかったらしいよ」

物件を見に行く前に、息子達も家賃の件を気にしていたらしい。そこで、仲介してくれた不動産屋に訊いてみたが、過去に事件や事故や自殺、孤独死など一切ない部屋だと説明された。

「一年ちょっと空いていたのも、大家さんが物置部屋にしてたみたいでさ。安心してくださいって言われたよ」

息子はそう笑顔で告げてきた。一抹の不安は残ったが、「いい物件に巡り合えた」と喜ぶ息子を見て、彼女はそれ以上口出しすることを止めたそうだ。


挙式後、息子達の新居での生活が始まり、昌枝さんも彼らの部屋に招待された。

リフォーム済みの部屋は、新築めいた清々しい匂いがした。リビングの大きな窓からは、アパートから少し離れた公園の緑が見渡せる。そこから差し込む光は、白と翠《みどり》を基調としたインテリアを一際美しく引き立たせていた。

「とても素敵な部屋ね」感嘆の溜め息を漏らすと、息子の嫁はとても喜んだ。

ただその横で、昌枝さんの夫だけが、そわそわと落ち着かない様子を見せていた。

後に彼女がそのことを訊いてみると、夫は多分気のせいだと思うと前置きをし、「あの部屋にいると、常に誰かに見られてるような気がするんだ」と、呟いた。

家賃が安過ぎるし、やっぱりあの部屋には何かあるんじゃないか――。

昌枝さんは、心霊めいたことを心配する夫の懸念を一笑に付した。

今となっては、あのときもっと真剣に受け止めていればと、後悔しているそうだ。

息子達の部屋から、昌枝さんの家までは電車で四駅。

近いが、昌枝さんはちょうどいい距離感を持って、息子夫婦と接していた。

「月に一回から二回くらいは、お互いの家を行き来していました。私のほうからは、息子達から呼ばれれば行くといった感じで……若い二人の生活に、あまり干渉してはいけないと思ったんです」

その代わり、電話やメッセージアプリなどでの連絡は頻繁に取っていた。

息子の嫁も義母である昌枝さんを気に掛けて、よく連絡をくれていたらしい。

「電話でもメッセージでも、二人に変わった感じは見受けられませんでした。変わらず元気に過ごしている。そう思っていたんです」

彼女が安心した日々を過ごしていた、ある日の朝。

それは息子夫婦が、あの部屋に引っ越してから約二カ月が過ぎた頃であった。

昌枝さん宅に一本の電話が入った。二人が勤める会社の上司からだった。

「息子さん達が、会社に来てないんです。連絡も付きません」

一週間ほど前から、二人の様子が変だったんです。どことなく暗いというか。

何か、ありましたか。

心配の色を滲ませた上司の声に、昌枝さんは驚いた。

事件か事故に巻き込まれたのではないか――そう危惧した彼女は、夫と一緒に息子夫婦の新居へと急いだ。

部屋の前に着き、インターフォンを鳴らす。合鍵を貰っていなかった彼女は、何度も呼び鈴を押してみたが応答は全くなかった。

「その場で大家さんと警察に連絡しました。待っている最中、上司の方も駆けつけてくれて」

上司の話によると、この一週間、息子の表情はとても暗く、口数も少なかったとのこと。かと思えば、四六時中、意味不明な独り言を呟いている日もあった。

それは、他部署にいる息子の嫁も同じであった。加えて、夫婦揃って午後からの休みを取りたいと、いきなり当日に申請してきた日もあったらしい。

二人は入社以来、真面目にこつこつと働いてきており、それを評価していた上司は、何処かおかしいと気に掛けていた。

「独り言は悪い何かがどうとか、そういう内容でした。耳を澄ませて聞いてみても、全部は聞き取れなかったんです。二人が明らかにおかしいのは、他の社員も気付いていました。だから、少し様子を見て治らないようなら、二人に休暇を取るように勧めてみようと考えてたんです。その……言い難いのですが、病院で診てもらうように、と……」

そう助言をしようとしていた矢先、二人は連絡もなく会社を休んだ。

彼らが、理由もなく無断欠勤するはずがない。上司はそう考え、緊急連絡先である昌枝さんの家に電話を掛けたそうだ。

一週間前——昌枝さんは記憶を辿ってみたが、思い当たる節はなかった。

むしろ一昨日の夜、息子達から掛けてくれた電話では、二人の声は明るく、普段より元気過ぎるくらいであった。

本当は悩みがあって、何か打ち明けたかったのではないか。それでも言い出せず、心配掛けまいと、わざと陽気に振る舞ったのではないか。

失踪か、いや、もしかすると。いやいや、そんなことはない——。

彼女は最悪な事態も想定しつつも、それを打ち消しながら、大家と警察の到着を待っていた。


夫も首を捻る中、大家と警察も揃い、玄関ドアの鍵を開けた。

中を覗くとすぐ、廊下にべったりと座り込む息子の姿が目に入った。

息子は疲労困憊《こんぱい》といった様子で、金槌を握っている。

「よう、母さん」

息子は昌枝さんを見るなり口角を上げ、快活な声で挨拶をしてきた。

「よう、じゃないわよ！　一体何やってるの！」

昌枝さんは安堵と不安が入り混じった感情を抑えきれず、思わず声を荒らげてしまった。

「いやさ、浴槽取って、タイルで塞いでもまだ出てくるんだよ」

息子は浴室のすぐ前に座り込んでいた。話してくる内容は要領を得なかったが、嫌な予感がした彼女は浴室のドアを開けてみた。

ユニットバスの浴室は、惨憺《さんたん》たる有様だった。まず視界に入ったのは、床に放置されていた浴槽であった。無理矢理取り外したのだろう。浴槽は滅茶苦茶に破壊されている。

風呂釜と浴槽を繋いでいたパイプも、剥き出しになっていた。

その他、床の上には浴槽の欠片と使用した工具が散乱し、またユニットバスは浴槽と床が一体となった埋め込みタイプであった為、床も罅《ひび》割れ、少し浮いている状態であったという。

「なっ。タイルで塞いでも、出てきてるだろ？」

「タイルって、何……」

立ち上がってきた息子が指差すほうを見ると、浴槽があった場所、灰色のコンクリートが剥き出しになっている底の一部に、ガムテープで大きめのタイルが貼ってあった。

何故、タイルを貼っているのか。出てきているとは、一体——。

思考が追いつかない。

警察官が息子に更に詳しく事情を聞き出していると、今度は寝室にいた嫁がやってきたという。

「呪文を唱えても出てくるんですよ。もう、どうしようもなくて」

困り果てた顔で訴えてくる嫁と、息子の言い分はこうだった。

浴槽の排水口から、悪いモノが出てきて困っている。悪いモノが出てこないようにするには、タイルで塞ぎ、呪文を唱えるしかない。が、浴槽内で排水口を塞ごうとしても上手くいかない。それで浴槽を取り、排水口にガムテープを貼ったのだと。

「それをやっても、悪いモノが出てくるんだ」

「ほら、そこにいるでしょ？」

嫁はそう言いながら、浴室内の空間を指差した。当然ながら、浴室には壊れた浴槽等が転がっているだけで、他には何もなかった。

暫しの沈黙の後、先に口を切ったのは警官だった。

「……その、呪文ってどんなものなの？」

「そんなことも知らないんですか？」

息子は半ば呆れた様子で、皆の前で朗々と呪文を唱え始めた。

「おみみのほね、みみずのくそ、はえあたま、ぞうきんのしる、ぐるぐるのめだま」

唱えた呪文は、先の記述通り、意味不明なものであった。

「風呂場を壊したこともあって、息子達は警察署で色々調べられました。結局、警察からは、精神的な病だろうから病院に連れていったほうがいいと言われてしまって。でも、私はそう思ってはいません」

二人を精神科に連れていったところ、統合失調症と診断され、暫く入院することになった。

以来、二人は入退院を繰り返している。

「医者が言うには、問診で何を訊いても、あの話に結びつけてしまうと。先ほど聞いて頂いた二人の会話も、ずっとあの話だけだったでしょ。二人きりにしておくと、延々とあの話ばかり繰り返すんです。でも医者は、二人同時に病気を発症するケースは見たことがないって、驚いていましたね」

血の繋がった家族なら、遺伝的な要因で複数人が発症することもあるそうだ。それでも同時に発症、更に同じ妄想を抱くのは、極めて稀なケースだと思うとも言われた。

医者からそう伝えられたこともあり、昌枝さん夫婦は病気ではないと考え始めた。

あの部屋のせいで、息子達はおかしくなったのではないか――。

そう考えられる点は多々あった。

安過ぎる家賃。息子夫婦の部屋に、初めて行ったときの夫の落ち着かない態度。

それに加え、あの日一緒に部屋に入ったときの大家の様子も妙であった。破壊された浴室を見ても文句も言わず、ひたすら押し黙っているだけであったのだ。更には、浴室の修理代の請求もなかった、とのこと。

「私達から大家さんに電話して、修理代のことを訊いてみたんです。そしたら要らないと言われました。見舞金代わりにしてくれと。長年借りていたらそういうこともあるかもしれませんが……息子達が借りていたのは、たったの二カ月ですよ」

息子夫婦の入院後、こんなこともあった。

「退院まで時間が掛かると言われ、向こうの親御さんとも話して部屋を退去することにしたんです。引っ越しの準備をする前にお詫びもかねて、お隣に御挨拶に行きました。息子が浴室を壊したときの音も、煩かったと思いますから」

隣人は独り暮らしの女性であった。詫びる言葉も言い切らないうちに、「大変でしたね」と、声を掛けられたそうだ。

一騒動あった後だ。近所で噂にでもなっているのだろう。ましてや隣人であれば、事の経緯を何となくでも知っているに違いない。

そう思った昌枝さんは、息子達の部屋について訊いてみたという。

女性はこのアパートに住んで、五年目だと話していた。

「確かにそこの部屋、一年ぐらい誰も住んでいなかったですね」

「大家さんが、物置にしてたって聞きましたが」

「物置？　いや、違うと思いますよ。だって、誰も入らないように大きな鍵を付けていましたから。それにバツ印状に黄色いテープまで貼って、立ち入り禁止って紙も貼ってあったんですよ。物置にするんだったら、わざわざそこまでしないでしょ」

大家は一年の間、この部屋を封印していた。気になった女性は大家に訊いてみたが、はぐらかされて終わったという。

「部屋を塞ぐ前は、大家さんのお母さんが住んでいたんです。私が引っ越してきた当初は、普通のお婆さんって感じでしたけど」

「けど?」

女性は周りに誰かいないかを確認してから、小さな声でこう教えてくれたという。

「数年経ってから、夜遅くにたくさんの人達が訪ねてくるようになって。それからお婆さんとも、顔を合わせることもなくなりました。変だなと思ってるうちに、夜中にお経のような、変な呪文まで聞こえてくるようになって。小さな声でぶつぶつと呟くような感じでしたけど、大勢で唱えていたから耳に付くんですよねえ」

「それって、どんな呪文でした?」

呪文という言葉に反応した昌枝さんが身を乗り出して訊くと、「よく分からない」という返事だった。同時に詠唱しているのではなく、各自バラバラに唱えているようで、その囁き声は混じり合い理解不能だったそうだ。

ただ、一つだけ収穫もあった。

夜中に何度も起こされるようになった女性は、一度だけ苦情を言いにいったことがある。

対応したのは神経質そうな、痩せ細った中年の男性だった。苦情をひとしきり伝えると、気を付けます、と一言だけ言ってドアを閉めたそうだ。

「私、そのとき部屋の中をチラッと見ちゃったんですけど、あれ、かなりヤバいですよ」

リビングに続くドアは開いていた。大勢の人々がぎっしりと座る中、白装束の女が一人、立っている。異様な光景は、それだけではなかった。

女の着けていた面——天を向く二本の長い角。その下の顔の部分に当たる骨格は長く、目と思われる空洞は左右それぞれ顔の真横に位置している。あたかも、動物の骸骨のようであったという。

「それって……山羊のような悪魔、みたいな」

「そう、そんな感じです！　その悪魔みたいなお面を着けて、首からは長い数珠を何本も掛けていたんです。顔は見えなかったけど、あれ絶対、そこの部屋に住んでたお婆さんですよ。チラッと見ただけだけど、あの小柄な体型はお婆さんだと思います。ヤバい宗教でも、やってたんじゃないですかね」

女性が苦情を伝えた次の日から、呪文のような囁き声は一切しなくなった。

その後、数日が経ち、気が付いたら以前と同じ状態でドアが封印されていたとのことだった。

大家の母親が、引っ越し準備をしているような気配は全くしなかったそうだ。

白装束に山羊みたいな悪魔の面、それと長い数珠。大勢の人達を集めていることからも、何かの儀式をしているとしか思えない様子である。大家が一年もの間、部屋を封鎖していた理由と関わりがあるに違いない、昌枝さんはそう考えたという。

「その話を訊いた後、何処の宗教かすぐに調べたい気持ちで一杯でした。でも、息子の部屋の引っ越し日も決まっていたし、そちらを早く終わらせないといけなくて」

隣人の部屋に伺った後、息子の部屋の引っ越し作業を開始した。

寝室の片付けをしているとクローゼットから、息子の物であろう丸められた泥だらけのジーンズが出てきた。厭な予感がした。嫁の服も探してみれば、同じように泥に塗れたチノパンを発見したという。更には、下駄箱に仕舞ってあった二人のスニーカーも、同様に泥が付いていたそうだ。

「こじつけかもしれませんが、息子達の会話の中に〝山奥の住所〟って出てきたでしょ。何か、それに関係することがあったんじゃないかって……元々、あの二人には登山の趣味もなかったものですから……」

息子達は、何処かの山に登ったのかもしれない。大家の母親が信仰していたと思われる謎の宗教の本拠地は、その山の中にあるのかもしれない。

そして、隣人が見た不気味な儀式の後、一年間も部屋を封印していた理由。

昌枝さん達は未だ大家の身辺を調べ、謎の宗教の存在を探している。

息子達が正気に戻る鍵が、そこにあると信じているからだ。

ここで執筆は一旦終わったが、原稿を提出する段階で再び昌枝さんから連絡が入った。

相変わらず宗教の存在すら分からないままだが、件の部屋にまた変化が現れた。

今度は黄色のテープでバツ印を付けるだけでなく、ドアや窓にもベニヤ板を貼り、完全に塞いでいるそうだ。

私は外から見られないようにする為ではと考えたが、昌枝さんの意見は違った。

「中から悪いモノを出さないように、板を打ち付けたんだと思います。隣の女性がもう引っ越すって、話していましたから」

ここ何週間もの間、女性はあの経か呪文かも分からない、大勢による囁き声に脅かされていた。夜中に限らず、ふと気が付くと息子達が住んでいた部屋から聞こえてくる。

二人が退去した後は、誰にも貸さずに空室になっているはずなのに、だ。

女性が大家に今月中に退去すると申し出たところ、急にベニヤ板が貼られたという。

御近所トラブル

萩谷さんが住む家の近くに、山下という腰が大きく曲がった老齢の男がいた。萩谷さんが幼い頃からこの地域に住んでおり、近所の人間と頻繁にトラブルを起こしていた。

これと言って奇妙な言動や行動はなかったが、山下の住んでいる家の周りを囲む木々に問題があった。剪定《せんてい》などせず木は伸び放題、気付けば電柱を優に超え、その場所は小さな森と化していた。鬱蒼《うっそう》と生えている木々に囲まれた家は、入り口さえも見えず、近所の人間は近寄ることもない。天高く育った樹木は太陽を遮り、伸びた枝は隣の家の庭へ侵入する程だった。

こういったことが続き、近所の人間達は山下に「木を切ってくれないか？」と頼み込んだが、彼は頑なに拒んだ。木を切らない理由を訊ねても「あんた達の為だから」と答えるだけだったそうだ。

萩谷さん自身、山下と面識はあまりなかった。けれども、よく木に集まっていた小鳥達に餌をやる彼の姿を見て、「悪人ではない」そんな印象を持っていた。

あるとき、隣の住民が家の窓にぶつかりそうな枝を切ると、山下は凄い剣幕で怒鳴りつけ、「あんた達の為だぞ、枝も木も切ってはいけない」と以前と同じような言葉を吐いた。腰の曲がった九十歳近い老人の迫力ではなかったと、近所の人間も困惑していた。

そんな小さな揉め事を何度も起こしていた山下も、そのうち体調を崩し、姿を見せることが減っていく。萩谷さんは彼のことが心配になる。気付けば完全に姿を現さなくなった。

どうやら体調が改善せず、そのまま施設へ移動させられたようだ。そんな状態を知らない小鳥達は、餌を貰う為に、毎朝木に集まる。その光景を見て、萩谷さんは切なくなった。

「彼が戻るまで自分が餌をやろう」そう決めて、毎朝山下の家の前で、小鳥達に餌をあげることにしたのだ。

そんなことを暫く続けていたある日、トラックに乗り込んだ何人もの植木職人達が、山下の家の前に現れた。どうやら自治体の依頼で木を伐採しに来たようだ。そのとき、萩谷さんは「山下はもう戻ってこない」と理解した。

木は数日掛け問題なく全て伐採された。小さな森は消え、小鳥達も現れなくなり、ボロボロの平屋がポツリと立っているだけだ。そのうち平屋も崩され、その場所は更地になった。

萩谷さんの日課もなくなり、あの道を通ることもない。

暫くしたある日、萩谷さんは母親から奇妙な話を聞いた。山下の家の木を切ってから、隣近所の住民達が原因不明の体調不良を訴えていると。

「日当たりも良くなったのに、逆に体調を崩すこともあるのか」

萩谷さんは首を傾げた。

そのうち住人達が立て続けに亡くなり始め、「山下の呪いだ」と囁かれたが、伐採した業者達には特に問題はないそうだ。

萩谷さんの頭の中には「木を切らないのはあんた達の為だ」という山下の言葉が残ったままだ。

理由は分からぬが、彼は鬱蒼とした木々を使い、近隣住人達を何かから守っていたのだろうか？　それとも何かがあの土地から出ていかぬようにしていたのか？　と萩谷さんは思った。

その後、近隣の住人は全て立ち退き、その場所一帯は更地になっている。

踊り場

水野さんは高校生の頃、教室の窓際の席を確保したことがあって、そこから外を眺めることが好きだった。

グラウンドは反対側にあって、眼下は擁壁となり学校の敷地は切れていた。窓からは、何と言うこともない田舎町の風景が広がるのだが、少し離れた場所にこんもりとした庭木に囲まれた、趣《おもむき》のある日本家屋があった。

その重過ぎない鄙《ひな》びた建築の感じが水野さんの趣味に合致していて、どんな人が住んでいるのだろうとよく想像していた。

特に気になっていたのは、その家には離れというのか、敷地にもう一軒のこぢんまりした家が付随していたことだった。当時独り暮らしに憧れていたこともあって、あんな場所で伸び伸びと暮らせたら、どんなにいいだろうと思うこと頻りだった。

その頃聞き及んだことは、

「結構昔からいる地の人の家」

「貸家をたくさん持っている」

「あの家の周囲数軒もその貸家」

「夫婦で住んでいて、旦那さんはもう数年間町内会長をやっている」

と、いったようなことだった。


数年が経ち、水野さんは短大で食品加工を学んで地元の企業に就職した。

勤める工場まで実家からでは少し遠いので、アパート暮らしでも始めようかと思っていた。

それで、たまたま通りかかった不動産屋の前に貼り出された物件情報を眺めていると、隅っこにそれだけ恐ろしく激安な物件が、文字と間取りだけの素っ気ない情報で掲示されていた。


貸家・家賃三万円。敷金三カ月分。

一階は六畳。二階は十畳になっています。台所、浴室、水洗トイレ完備。駐車場なし。

ペット相談。庭あり。(大家宅のものと共有)

「大家宅と共有?」

住所を見ると母校のすぐ近くである。そんな広い庭がある借家って、ひょっとしてあの家なのか?

そこからは勤め先まで一駅になるので、通勤関係も許容範囲である。

思い切って、中に入って資料を見せてもらいたいと頼んだ。

何故か渋り気味に出されたファイルに載っている写真は、やはりあの「離れ」のものだった。

間近で撮られた写真で見ると、外見はかなり老朽化が進んでいるように見える。だが、その点を除けば内部は適度にリフォームされており、なまじのアパートよりもお得に思えた。

それに、一軒家だから隣室や下の階を気にしないでいられるのは実にメリットが大きい。

「お客さん、一人で住まわれるんですか？」

五十代くらいの従業員が恐る恐るといった感じで訊ねてきた。

「……そうなりますね」

「シャワーはありませんよ？　若い方はこの点を気にされるんで」

水野さんは、実は湯船があればあまり気にしないほうだったのだが、不動産屋の妙に消極的な態度が気になったので、わざと調子を合わせてみた。

「ああ、シャワーなしは痛いですね」

「ですよね」

「でも、トイレは洗浄便座ですよね」

「……それは勿論ですが」

「ですが？」

水野さんは、そこでピンと来た。

「まさか、瑕疵物件とかいう奴？」

不動産屋は顔の前で大仰に手を振った。

「いやいやいやいや！　誰もここでは死んでいません！」

「でも、全然お勧めしていないですよね」

「うーん」不動産屋は、白状した。

「女性の一人住まいっていうのはねえ……。ここって、出入りが多いんですよ。理由を訊いてみたことがあるんですが……。これって、御内密にお願いしますよ。本当は話しちゃいけない事柄なんで」

「はい……」自分のことを慮《おもんぱか》ってくれているのが分かって、水野さんは身を固くした。

「どうも夜中に足音がするんだそうです……。それが気になると」

「足音？」

「二階で寝ていると、階段を上ってくる足音がするんだそうです。……勿論、誰もいないんですが」


「それってモロ幽霊屋敷じゃない？」

実家に戻って両親に相談していると、今年大学生になったばかりの裕明が茶々を入れてきた。水野さんの弟である。

「リアル心霊物件だ」

「……なのかな？」

どうも、そんなことで諦めていいのかと、悩んでいた水野さんは鼻白んで言った。

「幽霊なんている訳ないし」

「ガチガチの心霊否定派なんだ。初めて知った」

「普通、そうでしょ」

二人で目線を両親のほうへ向ける。

「……え？　私？」と母。

「どっち？」

「うーん、足音って言えば……」

「俺の実家でよく聞こえたな」と、父親が急に口を開いた。

「二階の勉強部屋にいると、誰かが階段を上ってくるトントンという足音がして、てっきり親が夜食でも作ってくれたんだろうと思うんだよな。でも、誰もいない」

「それで？」

「……いや、それだけだな。何年間か時々あって、そのうち音も何もなくなった」

「その家って、今もあるあのお家だよね」

「そうだ」

「私も同じようなことがあったけど、子供のときに一、二回ね。姉がからかっているのかと思って喧嘩になったわ」

そんなに普通にあることなのかと思って水野さんは驚いたが、

「じゃあ、別に気にすることないかな」と言うと、両親は微妙に難しい顔をするのだった。

「なら、暫く泊まりに行ってやるよ」

「ええ?」

「俺、ちょっと興味あるんだ」

そういえば、よく心霊DVDをレンタルしてきて夜中に見ていることは知っていた。

「何もなければそれでいいじゃない? 家自体はいい感じだし」

高校からラグビーをやっている裕明は、今や筋骨隆々の偉丈夫である。

それならまあ安心か、ということになって、その日の家族会議は終わった。


内覧を行ったが想像していた通りの感じで、完全に古民家の造りで天井に黒塗りの梁が通してあり、和モダンと言えば言えないこともない。

二階の十畳間は想像以上に広く、収納も数箇所あり、大きな書院風の違い棚があったりして、元々何かの趣味の部屋として作られたのではないかと、ふと思った。

水回りは、しっかり直してあったので問題なかった。

最終的に入居することに決め、そのまま例の不動産屋に行って諸々の入居手続きをした。

覚悟はしていたが、仲介手数料や保険代も合わせると激安物件だとはいえ、やはり結構な出費である。

足音の件を教えてくれた年配の男性はその日はいないようで、若い女性従業員がテキパキと処理をしてくれた。

引っ越し前に、隣家である大家の所に挨拶に伺った。

こちらの家は建て直したらしく新しいのだが、殆ど以前と雰囲気は変わっていない。

玄関の手前に枝振りが豊かなソメイヨシノがあったり、奥には柿や梅の木もあるようだ。こういう庭の造りには詳しくないが、下草の植生から長年掛けて調整したような、イングリッシュガーデンの雰囲気に似た自然に寄せた趣味の良さを感じた。

玄関に出てきたのは六十代くらいの女性だった。書類上では、この人が貸し主になっている。

「あらまあ、若い人は初めてかなあ。御夫婦はあったけどね」

「よろしくお願いします」

例の町内会長を務めていたこの人の夫は、既に亡くなっていると聞いていた。一番下の息子夫婦、それに孫が同居しているとのこと。

書類関係は終わっているので、初月の日割り家賃の精算をして、あっさりと挨拶は終わった。

引っ越しも完了し、その夜一階で食事の用意をしていると、玄関の引き戸が開いて裕明が現れた。

「遅いわよ」

家の中の片付けが、あらかた終わった頃を見計らって来るのだから、碌《ろく》な奴ではない。

「荷造りは手伝ったじゃん。今日の練習は抜けられなかったんだよ。それより駅前のコンビニで仕入れてきたよ。引っ越し祝い」

両手に提げていた重そうなレジ袋を置く。

「……ビールって、あんたまだ」

「堅いこと言うなって。何ならつまみでも作ろうか？」

「道具の場所が分かんないでしょ」

暫く向かい合って話をすることもなかったので、その日は妙に酒が進んだ。

新しく買った座卓の上に並んだ料理も、見る見る減っていく。

「……では、ちょっと問題の階段を見てみようかな」と、酔いの回った裕明が急に言い出した。

「階段？」

足音が問題なのであって、階段そのものには何がある訳でもないだろう、と水野さんは思った。今日だって何度も上り下りしている。

だが、立ち上がった裕明は六畳間から浴室へ続く小廊下へ行くと、そこから二階へと上る階段を見上げた。

センサーライトが反応して点灯した。

板作りのかね折れ階段で、傾斜は結構急である。桁と蹴上げと踏み板は、使い込まれたのか元々そうなのか黒っぽく艶光りをしていた。

直階段で八段ほど上がったところに踊り場があって、そこから右に折れ、また四段上るようになっていた。

二階の明かりは消しているので、上部には暗がりがある。まじまじと見ていると何だか不気味だった。

「……変だな」

裕明はぼそりとそう言うと六畳間に戻り、廊下を区切るガラス障子と押し入れの間の壁の辺りを不思議そうに眺めていた。

「どうしたの？」

「あ、いや。変な造りだなあって」

「そうなの？」

「まだ分からないけどね。片付けをしておくから先にお風呂に入りなよ」

浴室から着替えて二階に上がってくると、布団が二組敷いてあった。

「下で寝たらいいのに」

「どっちにも人がいると、足音なんてしないんじゃないかな」

もっともらしく聞こえたが、何となく納得がいかない。人目があるとそういう現象というのは起きないものなのだろうか？

というか、音が幽霊のものであると決めつけているのも変な話だと思った。

良く聞く、古い家で起きる屋鳴りとか、何処かからの振動の共鳴なのではないか。

しかし、妙な期待を抱いている様子の裕明にそれは言い出せなかった。

そのうちに裕明も入浴を済ませて、就寝となった。

階段寄りのほうに裕明が寝る形なので、水野さんは心の底では安心できていたらしく、一階に比べて妙に高い天井をぼんやりと眺めているうちに、眠気がやってきた。

うつらうつらしていると、むくりと裕明が身を起こす気配がした。

「何？」

「しっ」

すると、ミシリと踏み板の鳴る音がした。

「え？」

また、同じ音。人が体重を掛けているとしか思えない気配を伴った音で、耳を澄ませているとそれが規則的に八回続いた。

部屋と仕切ってあるガラス障子の向こう側は真っ暗で、センサーライトは反応していない。

「やだ、本当だった」

どうしよう、と思った。

裕明は無言で立ち上がると、仕切りの障子をゆっくりと開いた。

「やめてよ」

水野さんは反対側に顔を背けて、布団に包まっていたが、

「やっぱ、誰もいねえな」

センサーライトの光が流れ込み、振り向くと階段を覗き込んだ裕明が緊張した笑みを浮かべて階下を見下ろしていた。


また階段から音がしたら厭なのと、裕明がじっと息を殺しているのが分かって、釣られて緊張しているのとで、その晩は遅くまで寝付けなかった。

翌日は日曜なので朝寝はできたが、この調子だととてもではないが独り暮らしは無理なのではないかと思った。

「いやいや、当分俺が泊まり込むから」

「でも、いつまでもそれは無理でしょう」

「原因を究明できたら、何とかなりそうな気がするんだよな」

「原因？」

意味が分からない。

その日、裕明は水野さんのパソコンで盛んにネット検索をしている様子だった。そして、午後には階段の隅々を盛んに観察し、特に踊り場の辺りに興味を持っているように見えた。

「そこに、何かあるの？」

階下から声を掛けると、

「ここだけ、板が違うんだよ」

そういえば、その一面だけ比較的新しい感じはしていた。しかし、古い家なので補修を行ったのだろうくらいにしか思わなかったのだが。

「で、ここに隙間があるんだ」

ちょっとした節穴程度の隙間が、二階を支える梁との間にあった。何か支柱の一部がその下にあるようで、覗いても何も見えない。

「よく、そんなところに気が付くわね」

そこまで話していると、裕明の携帯が鳴った。

「あ、大丈夫ですか？　じゃあ受け取りに伺います」

そして、何も言わずにそのまま出かけていってしまった。

小廊下のサッシ戸を開けると、大家宅の庭に繋がったスペースになっている。

天気も良く、水野さんは作り付けの軒先の金物に、新品の竿を通して洗濯物を干した。

一段落し、小廊下の板張りに座って外をぼんやりと眺める。

何という草なのかは分からないが、綺麗な下生えがあり、目の前には立派な木蓮《もくれん》の樹があった。季節になればきっと見事に咲き誇るのだろう。

背後にある階段から足音さえしなければ、何といういい環境なのだろうと思った。

不意にサンダル履きの足下で、何か黒っぽい物が動いたのを視界の隅で捉えた。よく見ると見たこともないような大きな百足《むかで》が、足指の傍へと躙《にじ》り寄ってきているのだった。

悲鳴を上げて跳びすさると、いつの間にか帰ってきていた裕明が現れて身を乗り出し、傍にあった別のサンダルで百足を叩き潰した。

草の中にそれを捨てながら、こちらを見て言う。

「ここは自然が一杯だから、当然色々な奴が住んでいる訳だな。まあ、何にでも一長一短あるってことだよ」

それは、この家もそうなのだと言っているのか、奇怪な足音が付随しているのも一長一短の範囲なのかと訊こうとしたが、びっくりし過ぎて声が出なかった。

裕明は一抱えほどもある段ボール箱を持って帰ってきていた。表面には、何か家電のそれによく付いているような型式番号だけが印刷してある。

「何なのそれ？」

「えーと、工業用内視鏡。フレキシブルカメラだよ」

何処かの業者からレンタルしてきたらしい。それを探して一所懸命に検索していたのか、と水野さんは合点がいった。

「一日三千円掛かるんだよな。だから早速見てみようと思う」

そう言って、動作を確認しているようだった。

「見るって……」

「あの踊り場の隙間から突っ込むんだよ。……ここの壁だけど、ここって踊り場の真下だよね？」

確かにそうである。

「で、反対側も壁になっていて、押し入れの中のスペースでもないんだ。つまり、踊り場の真下は何にもない空間になっているんだよ。あの足音も八段上って、踊り場で止まったんだ」

「……」

「絶対何かある、と思うじゃない？　思うよね？」

「……もう、何も言わないわ」

二人で階段を上って踊り場へ行った。

元々配管内の点検に使うものらしく、レンズチューブはあっさりと板面の隙間に入り、中の凹凸を回避したようだった。

「ライトを点けるよ」

先端のLEDを点灯させると、操作部の液晶ディスプレイにチューブの垂れ下がった先が映った。

「床板もぶち抜いてあるようだ」

暗がりの中に、何か円形の縁のような物が見え、その中に四角い枠のある何かが……。

液晶の輝度を上げると、中の物はテレビだと分かった。

チューブを更に突っ込むと、画面は更に拡大されて鮮明になった。

「古い、ブラウン管テレビだ」

それが円形の物に叩き込まれたような様子で、ブラウン管のガラス面は割れて、テレビの筐体《きょうたい》の中へと全部落ち込んでしまっていた。

そして、円形の物は……。

「……井戸じゃないの？」

「ああ、そうか。多分、埋め戻した井戸の『井筒』の縁が見えているんだ」

結局、何が分かったという訳でもなかった。えらく不気味な物を発見しただけである。

「……しかし、井戸にテレビって、丸っきり『貞子』だよな」

裕明はそう言ったが、口にしたのを後悔したようで、空虚に愛想笑いをした。

「次はテレビを持ち込んで、出現実験でもするつもり？」

本当にやりかねないのでそう言うと、

「しかし、あの様子はテレビが気味が悪いから意趣返しに井戸の中にぶち込んだ、としか思えないな」と、裕明は話をはぐらかした。

「あのテレビの型だと、相当以前だ。真空管テレビかもしれない」

「だから、真空管テレビをレンタルしてくる？」

「いやいや、そんなアテは思い付かないよ。持ってくるのだって大変だろう」

「だから、どうするのよ」

あんなものを見つけてしまったら、もう住めないじゃないの……と、言いかけると、

「もう、あれだ、正直に見たままを言って大家さんに相談するしかないと思う」

全く気が進まないが……それしかないか、と思った。


急な訪問だが、大家さんは在宅だった。巨漢の裕明を見上げて驚いている様子だったので、

「弟です」とだけ紹介した。

足音の件なのだがと恐る恐る話すと、すぐに玄関から奥の間に上がるように言われた。

「……やっぱり、まだあれってするんですねえ」

ソファに腰を下ろすなり、大家さんはそう口を開いた。

「引っ越し初日からしましたね」

裕明が悪びれずに答える。そして、続けざまに階段の踊り場の下に井戸があることを発見したと言うと、大家さんは苦笑して、

「見つけちゃったのね」と、言った。

「ええ」

それなら、やっぱり隠していた訳だ。

「あの井戸は、戦後すぐの頃に埋め戻されたらしいんだけど、死んだ夫の曾祖父だったかしら……。曾々祖父？　その頃に……名前も分からないんだけど……お妾さんをね、あの離れに住まわせていたのね。それで……そのお妾さんが、井戸に飛び込んで自殺したらしいんですよ。確か、大正末期くらいの話よ。事情は、家名の恥になるとかで伝わっていないわ」

「ええ？」

それでは……随分以前のことではあるが……あの家は事故物件には違いない訳だ。

「でも、何十年も何も起きない時期もあったし、何か周期でもあるのかしらねえ」

「あのテレビは何なんですか？」堪えきれずに訊いてみた。

「あれは、うちの親戚で事情を知っている者が一時期住んでいたんだけど、テレビに何か気味の悪い文字が映って、それが焼き付いたって言って怒ってねえ、井戸に叩き込んだみたい。そ

したら、足音もパッタリ止んでしまったもので、お守り代わりにそのままになっているのよ」

「踊り場の下が、吹き抜けになっているのは？」

「その後に、また足音がしだしたようで、夫が何処かの拝み屋さんに相談したら、井戸の息抜きができるようにしろって言われたらしいのよね。そのときに改造したのよ。四隅に節を抜いた竹を打ち込んで、なるべく上部の空間を空けたの。そしたら、確かに足音は止んだのよ。また始まったのは、ここ二、三年ね」

裕明は腕組みをして、何か考えを巡らせているようだった。

足音の件は黙っていて悪かった、と大家さんは謝り、退去するのなら敷金その他の初期費用は返金する旨申し出てくれた。

何日か返答の猶予をくれるよう返事をして、その日は辞去した。


その夜は足音のことを気にする間もなく、水野さんは眠ってしまった。寝不足気味だったのが幸いしたとでも言うのか、何となく慣れてきた気分もあった。

裕明は頑張って起きていたらしいが、欠伸《あくび》をしながら、

「いや、全然音はしなかったよ」と答えた。

水野さんはその日は出勤である。その日の仕事を熟《こな》している間は、妙な怪談めいた一件のことは忘れられていた。

スーパーで買い物をして、帰路を辿っていると後ろから裕明が追いついてきた。

「カメラ、返してきたの？」

「ああ」

話題が他になかったので、仕方なく足音の件を出した。

「夕べ、足音がしなかったのなら、それでまた暫くは治まるのかな？」

「うーん」裕明は首を傾げた。

「それ、ずっと考えていたんだけど、治まるときには何かきっかけがいるようだよね」

「きっかけ？」

「テレビをぶち込まれた件もそうだけど、それって井戸の底の何者かに向かってやったってことだろ？　だから、つまり……うまく言えないけど、思い出してもらいたいんじゃないかな？　自分のことを」

「思い出すって言っても……」

大家さんでさえ、肝腎の事件のことの記憶はかなり曖昧だったような気がする。

何処の誰かなんてことは、もう分からないのではないのか……。

その日の夜半、眠っていた水野さんはふと目を覚まし、裕明の布団のほうから白っぽい光が漏れていることに気付いた。

最初、携帯を弄っているのだろうと思ったが、それは裕明の枕元で充電中であった。自分の携帯も傍にある。……では、何なのだ？

「……ちょっと、それ何よ？」

我慢できずに声を掛ける。

「……あ？　いや」

裕明はぎこちなく起き上がると、それを見せた。

それは掌でがっしりと持たないと取り落としそうなサイズの筐体で、ロッドアンテナが上部にあり、小さな四角い画面が付いていた。その部分が白々と明かりを発しているのだった。

「トランシーバー？」

「……いや、これは八十年代に売っていたフラットテレビって奴で、親父の若かりし頃の思い出の品だな。もう、使いはしないんだろうけど、物持ちがいいんで仕舞ってあるのは知ってたんだ。今日借りてきた」

「で？」

「……つまり、この画面って白黒なんだけど、液晶ではなくて、厚さ十六・五ミリの薄型扁平《へんぺい》

……FD管なんだ」

「FD管？」

「平たく言うとブラウン管だ」

……こいつ、やっぱり、出現実験をやりやがった、と水野さんは呆れた。

「でも、こんなところから出てきたってチビ貞子なんだから大丈夫だよ。……というか、パソコンの液晶モニタには何も起こらないけど、古いテレビには何か映らないかなと思っただけなんだけどな。原理的にこっちには干渉できるのかも」

が、先ほどからこちらに向けているその白黒画面に文字が映っているのに、水野さんは気付いていた。

「映っているじゃない。それ、何かの放送でしょ？」

「えっ？」裕明は気色ばんだ。

「そんな訳ない！　アナログ放送はもう、やっていない！」

……白っぽい砂嵐の中に、黒くカタカナの「イ」の文字が浮かんでいた。

二人でまじまじと見つめたが、左払いと縦の画の感じなど、どう考えても文字の「イ」なのだった。

「『イ』……ええと、何だっけ、確か世界で初めてブラウン管に映ったのは『イ』の文字だっけ？」

「それが何か関係しているの？」

「分かんねえよ！」

すると、『イ』の文字は消え、白い画面の裏側から指でなぞるような感じで『ネ』の文字が現れた。だが、今度はすぐに消えてしまった。

「『イ』と『ネ』？」

「イネ？　……『去《い》ね』……出ていけってことかしら？」

警告めいたきつい言い方だ。やはり早々に転居先を探そう、と水野さんは思った。

「……引っ越し決定ね」

そう言って布団を引っ被った。裕明は声を掛けづらいのか、黙って夜具を直している様子だった。

……が、暫くして階段の踏み板が鳴り出した。

「……もう、何なのよ！」布団の中で叫ぶ。

「フルセットかよ……」裕明も弱気な声を出した。

音の数を数えていたが、八回目で踊り場に到達した気配がし、向き直って更に踏み出してきた。

「ちょ、部屋に入ってくる？」

二人で部屋の反対側に逃げた。明かりのスイッチは入り口側だったので、後悔したが手遅れだった。が、二人の振動でスリープしていたパソコンのモニタが起動し、光量が増した。

全く普通に仕切りのガラス障子が開けられ、束髪和装の女性が入ってきた。

そして、敷居の上で立ち止まると、右手の指で自分の顔の辺りを指差した。

「ええ？」

何度も繰り返す。

「……ああ、そうか。……名前なんだ。……あなたは『イネ』さんなんですね？」

裕明がそう言うと、女性は頷いてにっこりと笑った。そして、行儀良く障子を閉め、階下へと下りていった。

「……何てこった」裕明が気の抜けた声を出した。

何ということだろう、と水野さんは思った。

……まだ、ほんの十二、三歳くらいの……少女ではないか。


それから、例の足音はピタリと止まった。

自分の名前が伝わったことに、一応は満足したのだろうか。

誰かがこの家に住んで、彼女のことを覚えている限り、もう変事は起きないような気がしていた。

水野さんは、踊り場の壁に竹花入れを設えて、庭に咲く折々の季節の花を飾ってあげている。

ホワイ間取り

先住者は独居老人で、孤独死をしたのよ。

奥さんを亡くしてから引っ越してきて、もう八年も住んでたかしら。

勿論、綺麗に掃除したしリフォームもしたわ。

もしハジメ君がそんな所でも良かったら、格安で貸すわよ。


アパート経営をする親戚のおばさんがそう言い、ハジメは強く頷いて入居を決めた。

独り暮らしをしながらの大学生活に憧れていたのだ。

その場に同席していた両親もおばさんの言葉に笑い、「いいじゃないか、いいじゃないか」とすぐさま息子の独り暮らしに同意した。両親も一人息子が家にいない生活に憧れていたのだろう。父が率先して引っ越しの準備を進め、家電を買う費用を決して少なくない額で用意してくれた。

アパートは実家からは自転車で二十分、大学までは徒歩で十五分といった所にあった。

暮らし心地は実家とほぼ変わらず、立ち寄りがちなコンビニ、本屋、飲食店なども殆ど変わらない。

が、大きく実家と違う味わいが一つあった。

そのアパートには、「出る」のである。

外階段を上がった二階の一番奥がハジメの部屋だった。
一、二階と合わせて十二部屋があり、おばさんが言うには学生、フリーター、年金暮らしの老人と、入居者も様々。一昔前は厄介な店子もいたが、現在のメンバーは静かで癖が良いとのことだった。
無事引っ越しを終えた高揚感に包まれた独り暮らしの初日。

父から貰った引っ越し資金で購入した新品の布団に入ると、あっという間に眠りに落ちた。

そして次に目を開けたときには、暗闇の中で全く身体が動かなくなっていた。

ああ！　これが金縛りというヤツか！

ハジメは初体験の堪らない不快感に動揺し、何とか脳を覚醒させようと何度も瞬きをした。

暗闇に目が慣れてくると、次には段々と胸に重みを感じるようになった。

ああ！　これはもしかして！

漆黒のシルエットが胸の上にあった。

ああ！　出た！

そのシルエットが段々と像を帯びてくる。

誰かが自分の上で正座しているのが分かる。

重みの原因はこれだ。

出た！

更に、はっきりと姿が見えてくる。

それはまるで青いライトにじわじわと照らされていくようだった。

だが……。


ええ！


胸の上に座するのは、若い女性だった。

ハジメはてっきり男性の老人が出ると思っていたので、これには虚を突かれた。

心で準備していたものと違う。

何故女性が。

女は言うほど恨めしそうな顔つきをしておらず、敢えて表現するなら「えっと……座ってみました……が？」という程度のきょとんとした面持ちだった。

それにしてもこれまで聞き齧《かじ》った話だと、こういったものはこのまま首を絞めてくるという展開に往々にしてなる。

首を絞められてもがいてもがいて、パッと振り解くといない、といった展開が常套だ。参ったな、と思いつつも為す術がない。心の中で念仏でも唱えたいものだが、一言一句も思い浮かばない。

しかし、このまま女が首を……。

女が首を……。

と待ち構えているが、一向にそうする様子はない。

故にただ胸が重く、身体が動かない時間だけが過ぎていく。

そうこうする間に、ぶうん、と朝刊を配る原付きの音が外から聞こえ、と同時に身体が軽くなった。

がばっと身体を起こすと、まるで全てが夢だったように女の姿は消えていて、部屋の中も現実味のある早朝の薄暗がりを取り戻していた。

ほどほどに明るくなってから、おばさんに電話を掛けた。

「出たよ！　でも、女の人だったんだけど！」

おばさんは「あははは。そんな訳ないでしょう。夢よお」と笑うばかりだった。

詳しく聞いても「あの部屋で亡くなったのはあのお爺ちゃんだけだから」とのこと。

ハジメは「浴室の水道が勝手に出たり」「たまに子供の声が聞こえたり」「テレビのチャンネ

ルが急に変わったり」と私に様々なエピソードを伝えてくれたが、ついぞ老人が現れたという報告はなかった。

何で……なんすかね？

と問われたが、私にはいよいよ分からない。

人気者になりたい

川口さんは以前、ユーチューバーとして活動していた。

「全然名前も知られていなかったんですけどね」

どんな企画を考えても二番煎じ感は否めない。

配信をしてみても、全く話題にならない。

それならと開き直り、事故物件で生活をするという某有名人の真似をすることにした。

早速、不動産屋へ行き、事故物件を紹介してもらおうとする。

「お客様、うちでは事故物件というものは取り扱ってはいないもので……」

「いやいや、大体みんなそう言うんだって。絶対にあるのは知っているから、一番ヤバイところを紹介してよ。お宅も助かるでしょ？」

押し問答が続く中。見かねたように上司が登場した。

「お客様、うちでの管理物件ではないのですが、取り引きのある不動産会社でそのような物件があるかもしれないので、確認してみましょうか？」

「あー、そうね。体裁があるもんね。うん、そういう感じでもいいから、ヤバイとこ頼むわ」

結果、一つの物件を紹介され、内覧などもせずに契約を結んだ。

一週間程で大家から鍵が貰えて、早々に引っ越しをする。

二階建ての何処にでもありそうなアパート。

川口さんの部屋は二〇三号室。

曰くと言える内容は、老人が自死したということ。

夏場で遺体の腐敗は進み、部屋に染みついた臭いは完全には消えてはいないと聞いていた。

「うーん、確かに何とも言えない臭いがするような気がするわ」

元々、無頓着な性格の川口さんには微かな異臭など気にもならない。

それよりもこの物件での心霊配信で名を上げ、有名人になることだけに執着していた。

荷物の整理もそこそこに、早速カメラを回す。

「えー、今日が初日です。かなりヤバイと評判の物件に引っ越してみました。さて、何があるのでしょうか。皆さんと霊の正体を確かめていきましょう」

特に不動産会社からは心霊現象などは聞いてはいない。

言えるはずもないのだろうが、もしかしたら本当に何もないのかもしれない。

仮にそうだとしても、何かしらのやらせを仕込んで、話題になることで頭は一杯だった。

ある程度室内を映したところで、映像を確認してみる。

特に何も映り込んではいない。

今度は照明を落とした状態で撮影を試みた。

その映像を確認すると、無数のオーブが画面内を飛び交っている。

（いける！　ここ、最高じゃん！）

映像に効果音を取り入れたり、オーブを拡大してそれらしく雰囲気を醸し出してみる。

（うーん、それっぽくは見えるけど、もっと派手なのが欲しいよな）

その後も撮影を試みるも、何も映らないか、オーブがチラホラ映るのみである。

こんな感じではとても有名人にはなれないと思い、川口さんは部屋の天井に向かい、霊を煽ってみた。

「おいおい爺《じじ》ぃ、こんなとこで野垂れ死にしたんだろ！　無駄死にしたくらい無意味な人生送ってたんだったら、生きてる俺の為に少しは協力しろよ！　それぐらいできるんだろうが！」

酷い言葉を投げつけ、カメラを回す。

先ほどより、オーブに赤みがかった色は宿るが、映像的に大きな変化はない。

（ちっ、明日以降に期待するか……）

寝床の準備をし、その日は布団に潜り込むことにした。

その夜、酷い息苦しさで目を覚ます。

目は開くが、身体の自由は利かない。

（くそっ、絶対に居やがるじゃん。爺ぃ、カメラ回してるときに出てこいよ）

自身の胸の上、濃密な気配はどんどんと人の形を成していく。

（えっ、嘘っ!!）

暗い室内でもはっきりと分かる程に、霊の輪郭は少し発光していた。

三十代と思えるショートカットの女性は、川口さんの首を両手で絞め上げていく。

（苦しいって、やめろ。やめてくれ！）

結局、そのまま気を失った。

翌日、気が付くと早速カメラを回す。

「えー、二日目になります。実は昨夜、霊と思しきモノが現れまして、私の首をこう絞め上げてきたんですね。金縛り状態の私は抵抗もできないまま、意識を失った訳ですよ。で、問題なのが、この事故物件は老人が亡くなっているということで借りているんですが、現れた霊は女性でした。他にも亡くなっている人がいるのでしょうか？」

暫くの間、部屋のあちこちを映して回るが、何も映ってはくれない。

（やっぱり夜じゃないと出てこないのか……）

昨夜と同じように現れることを想定し、布団で寝ている姿を俯瞰で映るようセッティングをして眠りに就いた。

「変な話なんですが、私の記憶と映像にあまりに大きな食い違いがありまして……」

川口さんが息苦しさで目を覚ましたところまでは前日と同じだった。

ただ、彼は立っている状態で、目の前には女性の霊が向き合うように立っている。

ロングスカートとフリルの付いたブラウスは、時代を感じさせるものであった。

突然、その女性は身体ごとぶつかってきた。

川口さんは腹部に激痛を感じ、そのまま倒れこむ。

勢いのまま馬乗りになった女性は、何度も両手を振り下ろしてきた。

その両手には包丁が握られ、川口さんは上半身に何度も激痛を感じながら意識が遠のいていく。

（あ……このまま死ぬんだ……）

気が付いたときには朝だった。

慌てて全身を確認するが、特に刺されたような場所はない。

夢だったのかを確認する為、撮影していたカメラを再生する。

――就寝中の川口さんの姿が映っている。

やがて何かに魘されるようにうめき声を上げ始め、一度大きく身体が震えた。

そのタイミングで画角の下から歪んだお爺さんの顔がカメラ全体に映り込んだ。

何かの言葉を発しているように口は上下を繰り返すが、その言葉は聞き取れない。

一方、川口さんの「ぐっ……」「うっ……」と苦しそうな声は、老人の顔の奥のほうから何度も聞こえ、やがて静かになった。

すると老人は厭らしくニタリと笑い、また画角の下のほうへと移動して消えた。

「その映像を見たら、急に自分のしていることが怖くなったんです。慌てて管理会社へ連絡をして、今すぐ解約してくれって懇願してましたね」

特に違約金なども取られることはなく、賃貸契約はあっさりと解消された。

川口さんは新しい住居が決まるまでは友人宅で生活をすることとなる。

「風呂を借りるときにその友人に言われたんですよ。その痣はどうしたって……」

川口さんの胸部や腹部にはどす黒い痣が幾つもあり、手で撫でてみると鈍い痛みを感じた。

その痣は一週間ほどで徐々に薄くなっていき、消えていく。

また撮影したカメラは、何故か使用できなくなっていた。

「修理をしたら、例の動画とかも確認できるのかもしれませんが、このまま封印したほうがいいと判断しました」

そうして彼はユーチューバーを辞めた。

ただ、動かないカメラだけは下手に処分することもできず、未だに彼の物置で眠っている。

家主

宮川さんの趣味は、インターネットの動画鑑賞である。

本人曰く、元々は無趣味であったが、たまの休みになると部屋に閉じこもって、動画ばかり見ている自分に気が付いたということであった。

「最初はね、会社の奴に勧められてさ。癒し系の動物動画から見始めたんだけど、あんまり興味が湧かなくて……」

それでも様々な動画がアップされており、しかも無料だったこともあって、次から次へと片っ端から見始めた。

やがて、見始めた頃は雑多であった視聴内容も次第にある一定方向へと偏っていき、いつしか視聴履歴はとあるジャンルで埋め尽くされていった。

「ええ、まさかここまで好きになるとは思っていなかったね」

それは、不動産に関する動画であった。

まさか自分にこんな嗜好があったのかと当初はかなり驚いた。何故なら、今まで不動産に興味を持ったことなどなかったし、脳裏を過ったことすらなかったからである。

「中でも、やみつきになったのは……」

大規模なリフォームを扱った、所謂リノベーション物件に関する動画であった。人の出入りすら拒まれる廃墟然とした建物が、新しく生まれ変わっていく様は、休日の娯楽にぴったりであった。

「もう、ね。これを視るのが楽しくて楽しくて……」

特にお気に入りの配信者は、捨て値同然で入手した廃墟物件を見事に新しく生まれ変わらせ、そして高額で貸したり売却するものであった。

「そう。それで、すぐにピンと来た訳」

某大手企業で二十年以上真面目に勤めている割に、彼は狭いアパートで独り暮らしをしていた。

生まれてこのかた結婚なんて考えもしなかったし、贅沢な生活や美酒佳肴の類には一切興味を持たなかった。

そういった訳で、彼の銀行口座にはそこそこの額が貯めこまれている。

「これなら自分にもできそう、そう考えた訳なのよ」

もしかしたら投資した金額が増えるかもしれないし、はたまた全て失ってしまうかもしれない。

それでも、是非とも自分でやってみたい。そう考えていた。

思い立ったらすぐに実行に移すのが、宮川さんのスタイルであった。

早速、この間知り合ったばかりの不動産会社へと連絡を入れた。

「まあ、そんな訳で。色々と話していると、とある物件のことを教えてくれたんだよね」

それは、都内から一時間少々掛かる私鉄の沿線に沿った、小さな一戸建てらしい。

不動産会社の話だと、そこそこ人気のある閑静な住宅地ではあるが、築四十年以上経過していてリノベーションしないと到底住むことはできないとのこと。

しかし、金額を聞いて驚いた。

「うん、すっごく安い。子供の小遣い程度」

これだったら、たとえリノベーションにそこそこの金額が掛かったとしても、そしてたとえ失敗に終わったとしても、十分に許容できる。

「んで、現地に行って確認したいと言ったんだけど……」

不動産屋はその言葉を聞くなり、急かし始めた。

「問い合わせが一杯来ているとか、現地に行ってたら間に合わないとか……金額も金額だし、そこまで言われたら、なあ」

宮川さんはこの物件を購入することを即決した。

「びっくりしたね。正直、ここまでとは……まあ、値段が値段だから当然と言えばそれまでだけど」

ネットの地図や写真で一応確認はしていた。

それでも、無事契約が完了して実際に物件を目の当たりにしてみると、想像を遥かに超越していた。

まず、立地である。

最寄り駅から車で細い山道を経由して、軽く見積もっても三十分近くは掛かってしまう。やっとのことで辿り着くと、そこには山を切り開いて整備されたらしき狭い土地に、半ば壊れかけた家屋が七、八軒ごちゃっと集まっている。

しかも、秋晴れの昼下がりにも拘らず、辺りに人の気配は一切ない。

明らかに、どの家屋にも人が生活している気配が感じられない。

閑静な住宅地と言えば聞こえは良いが、ただ単に打ち捨てられた古い家屋が密集しているだけなのである。

「全く、一体何処が人気の住宅地だよっつーの。あの野郎、適当言いやがって！」

更にまた、購入した物件の立地が物凄い。四方を廃屋によって囲まれており、まるで漢字の井の字の真ん中そのものであった。

宮川さんは小首を傾げながら、購入したばかりの物件の前に立った。

粗探しをするような視線で、家屋のあちこちを見分する。

かつては落ち着いた茶色をしていたと思われる軒先の短いトタン屋根は、全体的にかなり変色していたが、雨漏りさえしていなければ問題ないであろう。

だが、外壁の土壁は八割方崩れ落ち、所々腐った木の板材が剥き出しになっている。

大きな溜め息を吐きながら、扉へと視線を遣る。

表面の剥がれかけた木の扉を開けると、ぎぃとした耳障りな異音が辺りに響き渡る。

その瞬間、埃とドブを掛け合わせたような、今まで嗅いだことのない異臭がぬっと漂い始めた。

何とも言えない重苦しい空気の中、まるで梅雨時を思わせるようなねっとりとした湿気が身に纏わり付く。

思いのほか小綺麗な狭い玄関から見渡す内部はまさしく廃墟そのものであった。

得体の知れない残置物が廊下や階段に所狭しと残っており、つんと鼻を衝くアンモニア臭は野生動物の糞尿に違いない。

彼はマスクの上から鼻を覆いながら、建物から逃げるように急いで飛び出した。

咄嗟に深い呼吸をしながら、辺りを良く見渡してみる。やはりこの物件、ヤバいんじゃないのか。

他の廃墟に四方をがっちり囲まれて、重機の通り道が何処にもない。

これは恐らく、致命傷になるのではないか。

更に、日当たりがすこぶる悪い。

周辺にびっしりと生えている苔の類を見ただけで、彼の気持ちもどんよりと曇っていった。

これは、あの不動産屋の奴に一杯食わされたな。

そう思ってはみたものの、いつも視聴している動画の中では、このようなことは珍しくもなかった。

こういった予期せぬトラブルを苦労しながら解決していくからこそ、楽しみが先に待っているのではないのか。

その先の成功を予想して軽い高揚感を覚えながらも、当初の予定通りインターネットでリフォーム業者を探し始めた。

取りあえず最も安くて良さそうな業者に依頼して、リノベーションをお願いすることにした。

色々な制限がある為に勿論安い金額ではなかったが、ここまで来たら最後までやってみたい。

しかし作業を依頼して数日後、業者から電話が掛かってきた。

電話口から聞こえてくる年配の社長が、申し訳なさそうな口調でこう言った。

「あのですね、ウチじゃ無理ですよ、ここは。申し訳ないですが」

「……無理って、無理なんですか？　いや、契約したじゃないですか」

「いや、無理なものは無理なんですよ。いや、ホントに。冗談じゃないよ、こんな場所！」

社長の声に、怒気が混じってきた。

「ウチの会社が潰れっちまうよ！」

何とか宥めながら話を聞くと、確かに異常なことが起きているようであった。

社長が職人達と家屋に足を踏み入れた途端、強烈な腐臭が何処からともなく漂ってきた。

「……中で何かが死んでるんじゃないのか？」

お互いに顔を見合わせていると、今度はいきなり、足下が揺れ出した。

全員で避難しようとしたところ、揺れは突然消え失せ、腐臭も消える。そしてまた足を踏み入れるとそれらが始まり、遠ざかると消え去る。

極めつけは外国籍の見習いを襲った異変である。片言の日本語しか話せなかったはずの彼が、いきなり流暢な日本語で唄を歌い始めた。それは聞いたこともないような節回しの民謡で、盆踊りのような手つきで踊り出した。そして一心不乱に踊りながら、急に口から泡を吐いてその場で卒倒した。

更に、信じられないことに、その場に集まった職人達は皆、左目に何らかの異常を発した。

ある者は真っ赤に充血しただけで済んだが、一番酷いのは社長であった。

いきなり左目全体が腫れ上がっただけでなく、それをきっかけに左目が殆ど見えなくなってしまったのだ。

「……こっちが訴えたいぐらいだよ、アンタ。もうウチに関わらないでくれ！」

電話は怒号とともに、半ば一方的に切られてしまった。


それからは、同じことの繰り返しであった。

他の業者に依頼してはすぐに断られる。

詳細はあまり教えてもらえなかったが、どの業者も皆、従業員の目が見えなくなったとかおかしくなったとか、そんなことを言う。

費用を割り増しするからと懇願しても、これぱっかりは金の問題ではない、ときっぱり断られてしまう。

しかし、宮川さんはどうしても納得がいかない。

確かにどことなく不気味な場所ではあるが、自分が折角買った物件である。

こっちが割り増し料金まで提案しているのにも拘らず、仕事を断るとは一体どういった了見なのか。

だったら、自分でやってみるしかないか。

彼は友人知人の伝を頼って、暇そうな職人達を掻き集めることに成功した。

「作業を開始する日程も決まったんで。その前に家屋の中を全部確認することにして……」

宮川さんは友人かつ鳶《とび》職の経験者である菊池さんと連れだって、休日の昼頃にその場を訪れた。

「……こりゃ、時間も費用も結構掛かるぜ」

菊池さんは額から湧き出る汗を首に掛けた手拭いで拭いながら、鋭い視線を宮川さんに向けた。

「構わんよ。ここまで来たら、意地もある」

二人は足下を確かめながら、玄関から目と鼻の先にある居間らしき部屋へと向かった。

そこは六畳くらいの広さで、天井からは剥がれ落ちた木材の表面が、まるで首を括った人間のように多数ぶら下がっている。

腐った畳の上には、雑誌等の残置物に混じって、小動物のものと思しき白骨が散らばっている。

「しっかし、臭ェな。ここは」

菊池さんはそう文句を言いながら、盛んに左目を掻いている。

だが、宮川さんには微かに埃っぽい臭いしかしないし、皆が言うような目の異常も一切ない。

「……オイっ！　ありゃア、一体何だッ！」

真っ赤に腫れ上がった左目を擦りながら、菊池さんは隣の部屋を指差した。

恐らく、寝室に相当する部屋なのであろう。

そこは四畳半程度の広さしかなく、理由は分からないが板張りの壁一面が臙脂《えんじ》色に染まっている。

喉をごくりと鳴らしながら、二人は四畳半の中へと恐る恐る足を踏み入れた。

「……コレっ、アレだよ。全部、お札じゃねェかッ！」

壁一面には臙脂色に染まった紙片がべたべたと貼り付けられており、よく見るとそれらは全てお札らしかった。表面に書かれた文言は何一つ判読不能で、その色と相まっていかにも悍《おぞ》ましい。

菊池さんの喉はすっかり枯れ果てたのか、いつになく掠れた声でそう叫んだ。

しかも、いつの間にか三倍くらいに腫れ上がった左瞼を切羽詰まった表情で掻き毟《むし》りながら。

そのとき。

突然、菊池さんの口から空気の漏れるような奇妙な音が鳴った。

そして、まるで静止画のように身じろぎ一つせずに、部屋の隅っこを凝視している。

彼の見つめる場所、そこに何かがいた。

宮川さんは両目を何度も瞬《しばたた》きながら、今見えているものが現実なのか疑った。

「……うっ！」

やはり、いる。

そこにはいつの間に現れたのか、異様な風貌の人物が膝を抱えて座っていた。

骨と皮だけの青年らしき人物。

罅割れた皮膚は、どす黒く変色していた。

異様なまでに爛々《らんらん》とした眼差しの右目とは異なり、その左目は醜く潰れているように見える。

幾重もの脂に覆われた長い髪は肩の辺りまでだらしなく伸びており、茶色い染みだらけの薄く色褪せた空色の寝間着らしきものを身に纏っている。

その薄く罅割れた唇が、不気味に蠢いた。

途端、隣にいた菊池さんが、獣のような唸り声を上げ始めた。

そして頭を何度も上下に振りながら、ぱんぱんに腫れ上がった自分の左目に、右手の人差し指と中指を、思いっ切り突っ込んだ。

血飛沫が腐った畳に降り掛かり、同時に建物が激しく揺れ始めた。

それをきっかけに、我に返った宮川さんは菊池さんの左腕をとっ捕まえると、力任せに勢いよく引っ張りながら、やっとのことで建物から抜け出したのである。


当然、菊池さんはそのまま病院に担ぎ込まれて、入院してしまった。

こうなってしまってはリノベーションどころの話ではない。

その夜、深夜一時を過ぎた頃のこと。

宮川さんが自室でヤケ酒を呷っていたところ、急に吐く息が白んでいることに気が付いた。

いつの間にか異様に気温が下がっており、まるで部屋の中が丸ごと冷蔵庫内になったかのようである。

突如自分の身に起きたことが信じられずに、彼は辺りを見渡した。

すると、部屋の片隅に靄のようなものが湧き上がり、見る見るうちに形を成してきた。

「……あっ！」

汚らしい染みだらけの空色の寝間着を着た、髪の長い男。

間違いない、あの馬鹿馬鹿しい物件にいたあいつだ。

痩せた男は薄気味悪い奥目を爛々と輝かせて、宮川さんの目をじっと見つめている。

「……ううう……ううう……ううう……うっ……」

上手く言葉を発せないのか、重低音の唸り声が耳に入ってくるばかり。

そして闖入者《ちんにゅう》は唸り声を上げながら緩慢な動きで正座をすると、宮川さんのほうをまっすぐに向いたまま、ぎこちない動きで深々と頭を垂れた。

このような状況でもはっきりと分かる。これは、敬意の籠もったお辞儀に間違いない。

やがて、頭を垂れる男を見ていると、彼の考えが頭の中に侵入してくるような気持ちになっていった。

宮川さんはその状態のまま、窓から差し込んでくる朝の陽光に気が付くまであの片目の男と対峙していたのであった。

折角集まってもらった職人達にも何処からか話が漏れてしまったのか、作業に参加する者は一人もいなくなってしまった。

「……うん、後悔している。あんなモノに手を出した自分が悪い。不動産なんて安易に持つもんじゃない。必要ないからって捨てられないし、欲しい人がいない限り、所有者がずっと責任を持たなければならないから」


あの出来事からおおよそ一年半が経過した。

左目を失明した菊池さんは間もなく精神に異常を来《きた》してしまったらしく、田舎から出てきた御両親に連れられて、引っ越していってしまった。

「……まあ、でも。あそこに近寄らなければ、こんなことはもう起きないような気がするんだ」

そう言いながら、宮川さんは空を見つめた。

あの物件には二度と近寄らないようにしてはいるが、未だに例の青年を自宅で頻繁に目撃するとのことである。

一番多いのは起床のときで、結構な確率であの男は姿を現す。

部屋の片隅にきちんと正座をして、深々とお辞儀をしているその姿を。

「アイツの敬意はね、痛いほど感じるんだ。勿論、あの家の持ち主である俺に対しての。そして、それに応えなくてはならないんだ、俺は」

まるで密談でもするかのように、宮川さんは顔を近付けながら声を潜めた。

「勿論、これは俺の考えに過ぎないんだけど……」

そう前置きしつつ、彼は続ける。

「四隅を廃屋に囲まれているおかげで、アイツはあそこに留まっていられるのかもしれない。だから、もしそれが崩れたら……」

一体、どうなってしまうのであろうか。

恐らく、彼には想像が付いている。

しかし、言葉を濁したまま、頭を左右に振るのみであった。

コイル

就職後暫くして、独り暮らしをする為、実家近くのワンルームを見にいった。すぐ上の兄が結婚して実家に同居していたのだが、この度めでたく三人目が生まれたのを機に家を出ることにしたのだ。

何だかんだ言っても、三人兄弟の末っ子としては、独り暮らしという言葉に人一倍の憧れがあった。想像して顔の締まりがなくなるくらいには期待が膨らんだ。故に今回のことは渡りに舟、というやつである。

内覧したマンションは築八年は経っていたが、内装が綺麗だったので即決した。不動産屋はすぐ決めないほうが良いと色々な物件をあれこれ勧めてきたが、一軒目で気に入ったので他は見なかった。

引っ越し当日は姉が手伝いに来てくれた。

その作業をしている途中で尿意を催した。新居のトイレに入り、用を足す。水を流そうとレバーに手を掛けて気付く。

タンクの下に隠すように小さな段ボール箱が置かれている。

一度水分を含んでふやけたのが乾燥したのか、表面は凸凹と波打っていて訳の分からない染みもあった。何だか気味が悪い。

トイレの掃除用ブラシで蓋の端を少し捲ってみた。髪の毛か毛足の長い動物らしき毛束の中に、皮膚に張り付いた旋毛《つむじ》のような毛の流れが見えた。前住人が飼っていたペットの死骸だろうか。最悪、それは生首を連想させた。死臭や腐敗臭などはなかった。

すぐ不動産屋に連絡を入れた。

「前の住人の荷物があるんですが。何か動物の死体みたいなものが入ってるようで」

そう告げると、時間を置かずして担当者が現れた。迅速な対応はありがたいことだが、その出で立ちに一瞬ぽかんとした。

合羽の上衣と下衣の裾を引き絞り、両袖はゴム手袋の中に収納されていた。顔にはゴーグルと使い捨ての防塵マスクまで装着されている。所謂完全防備というやつだ。少し物々しい気がするが、こういう対応というのはよくあることなのだろうか。そのときはそう思った。

結局、後日改めてハウスクリーニングをしてくれることになった。

それから一週間が過ぎた頃。

夕飯を作っていたときのこと。味付けに手を伸ばした塩の容器の中、半ば埋もれるようにしてミニチュアコイルが入っていた。

何でこんなものが入ってるんだろう。そう思いはしたが、大して気にも留めずゴミ箱へ捨てた。

翌日、己の鞄の中から同じものを見つけた。何の機械の部品かと、よくよく見て気付いた。

ミニチュアコイルと見えたものは、約一センチ四方の紙を筒状に丸めた芯に糸のようなものがみっしりと巻き付けられている代物。

表面が妙に滑らかで艶めいた独特の質感を伴ったそれは——髪の毛じゃないのか。

気付いた途端薄気味悪くなって、部屋中捜した。もしや他にもあるのではないか、と。

叫びそうになった。化粧ポーチ、カトラリー入れ、米櫃《こめびつ》、果ては靴の中にまで。掌一杯になったそれを前にして、涙が溢れた。

——誰かが部屋に入ってる！

そうとしか思えなかった。一人でこの部屋にいるのが怖くて姉に泣きながら電話した。不動産屋に連絡してもらい、鍵を付け替えることになった。

安全面で考えれば転居するのが一番だろうが、引っ越したばかりで金銭的にもそんな余裕はない。鍵の交換だけで済むのなら、それに越したことはないだろう。

流石に鍵を付け替えるまでの一週間、一人でこの部屋にいる気にはなれず、一時的に実家に戻った。その間にも、彼氏や姉の鞄、姪の玩具、ついに会社の同僚の机からも例のコイルは発見され、精神的にもすっかり参ってしまった。

そうこうしているうちに鍵を付け替える日が来た。心配した姉も同席してくれることになった。

業者とともに、この部屋を担当した不動産屋も立ち会いに来た。この不動産屋は愛想が良く、対応も早い。部屋を探すときも親身になって、あれやこれやと色々な物件を勧めてくれた。その為、好感度も高かった。

もしまた不具合があったら連絡をくださいと、にこやかにそう言って帰っていった。

「随分と人当たりの良い不動産屋さんだね」

姉からの心証も悪くはなかったようだ。

鍵を取り替えて、ホッと一息吐いて、飲み物でも飲もうと冷蔵庫を開けて、何も入っていないことを思い出した。そういえば、実家に帰るときにあらかた処分したんだった。

「コンビニ行ってくるから待ってなさい」

ついでがあるからと、姉が飲み物を買いに行ってくれた。はずだったのだが、三十分もしないうちに帰ってきた。

「お金ならお姉ちゃんが出してあげるから、すぐに引っ越しなさい」

手ぶらで戻るなり、開口一番そう言った。何があったのか、只ならぬ様子で顔色が変わっている。

姉が言うにはコンビニに行く途中、マンションから少し離れたところに駐めた車の脇に不動産屋と鍵の業者がいた。鞄の中や服のポケットまで引っ繰り返し、必死の形相で何かを探している。姿を目視できる上に声も聞こえるような、割と近い位置にいるのだが、手元にばかり気を取られているのかこちらに気付いた様子は全くない。

「くそっ、やっぱりあった!」

業者が道に小さな黒い何かを投げ捨てた。姉も何度か目にしたコイル様《よう》のアレだ。

「お祓いも御札も効いてねぇじゃねえか。マジ何かあってからじゃ遅えぞ」

不動産屋は吐き捨てるようにそう言った。

「あの子も可哀想に」

――あれだけあそこ以外の物件を勧めたのにな。

その足で妹の許へ取って返し、先ほどの台詞になったという訳だ。

三週間も経たないうちの引っ越しに、不動産屋は「残念です」と言いながら何処かホッとした顔をした。

だが、それで終わりではなかった。

コイルの出現は止まなかった。己の身の回りは勿論のこと、終いには暫く会っていなかったにも拘わらず、電話をしただけでその友人の鞄の中からコイルが出てきた。

姉は檀那寺《だんなでら》へ相談した。

「すぐに現物をお持ちください」

電話口でそう言われて、姉妹は姉の靴から出てきたコイルを持って檀那寺へ向かった。

「出して」

寺に着いて本堂へ入るなり、住職はお盆のようなものを差し出した。そこへコイルを載せると、酷く厳しい顔をしたまま護摩壇から高く火が燃え上がる程激しく護摩を焚く。始まった読経に姉妹はひたすら頭を垂れた。こんな読経の仕方を見たのは初めてのことで、恐ろしさに怯え、ただ畏れた。

長い読経の後、住職は妹のほうを呼んだ。経を唱えながら教本で肩を叩く。そして大きな長い数珠に身体を潜らせる等した。

「一通り私のできることはしましたが、念のため今日はこれを持っていきなさい」

そう言われて教本を渡された。

「こちらは私が預かります。家に戻ってまだ出てくるようなら、時間は問わないので持ってきてください」

そうして寺を辞してそのまま姉の家へ。すっかり疲れ果て、二人してウトウトしていた。

激しく咳き込んで飛び起きた。驚いて起きた姉が背中を擦ってくれるが、込み上げる嘔吐感に洗面所へ走る。洗面台に向かって咳き込み、吐き出した血痰に混じって見えたのは——あのコイル。

途端、姉が物凄い形相でそれを引っ掴んだ。流石に血は洗い落としたものの、コイルのように巻き付いている髪の毛を洗面所にあったＩ型の剃刀でぶち切った。

後から聞いたところによると、その瞬間無性に腹が立ったそうで、湧き上がる怒りに任せて剃刀を引いたらしい。

芯になっていた中の紙を広げてみたところ、一センチ四方の小さな紙には茶色に焼けたような色の文字が三文字。

『〇〇忌』

上の二文字は中国語の漢字のようで、日本語で当てはまる漢字は思い浮かばず読めなかった。ただ三文字目も、日本語だとそんなふうに読めないこともないというだけで、『忌』という文字だとはっきり言える確証もない。

姉はそれを寺には持っていかず、その場で燃やしてしまった。勝手に処分したのはそのときだけでその後は全部寺へ納めている。

見つかる頻度は少なくなってきてはいるが、それでもこの数年はずっとこれに悩まされている。

知人に紹介された神社にも行ったが、やはり「出てきたものを置いて帰りなさい」と言われた、という。


この話を後輩から聞いた友人——紗和《さわ》の許にも、ミニチュアコイルが出現した。燃やして灰は川に捨てたが、その間ずっと男か女かも分からない声がしていた。

何を言ってるのかまでは分からなかった。まあ分かろうとも思わないが。

葉っぱのおうち

「葉っぱが生えているおうちがあるの」

沙智さんのお嬢さん――有沙ちゃんが小学校に上がった頃の話だ。

通学路の途中に、葉っぱがたくさん生えた家があるという。単純に、ツタに覆われたお屋敷を想像してみたが、

「でもね、お友達には見えていないみたいなの」

続いた有沙ちゃんの言葉に、沙智さんは違和感を覚えた。そこで、

「お母さんも見てみたいな、葉っぱのおうち」

と、有沙ちゃんの案内の元、その家を確認しに行った。

平屋建ての一軒家。錆が出ている青いトタンの屋根に、黴で黒ずんだ外壁。表札も外されており、家屋が放つべき生活感は皆無。恐らく無人の家だろう。

伸び放題の庭木を見て、「葉っぱのおうち」と称したのかと思えば、

「あのお部屋の中がね、葉っぱでいっぱいだったの」

指差したのは、玄関脇の部屋の、一窓《いっそう》の腰高窓だった。

しかし、窓にはめられているのは曇りガラスで、中の様子は白く濁って見えない。

なのに娘は、

「窓一杯に、わさわさって生えていたの」

という。それだけでも首を傾げる内容だったが、更に疑問が湧く発言を有沙ちゃんは続ける。

「白い、大きな葉っぱ」

思い付く植物の名前は、親娘共々全く思い浮かばなかった。


本当に、それは「葉っぱ」だったのか？

その家に関するとある事実を、沙智さんは十数年後に知ることになる。

子育てが一段落した沙智さんは訪問介護員の資格を取得し、地元の事業所で働き始めた。そこで耳にしたのは、かつて近隣に居住していたという、とある老夫婦の話だった。

脳疾患でほぼ寝たきり状態になった御主人を、年老いた奥さんが自宅で介護されていた。所謂老老介護だ。だがこの御主人に少々問題があった。筆舌に尽くし難い暴君亭主だったという。

病で倒れる前から徹底した亭主関白ぶりであったが、身体の自由が利かなくなったことで鬱積《うっせき》した感情の全てを、奥さんにぶつけるようになった。聞くに堪えない罵詈雑言《ばりぞうごん》、唯一動かせていた片腕で、奥さんを叩く、片っ端から物を投げつける。奥さんの腕に常に大小の痣があったのは、食器等をぶつけられたり、呼び寄せられては思い切りつねられたからだとか。

御主人の暴言暴力は奥さんだけにではなく、病院の医師や看護師、ヘルパーにも容赦なく向けられ、出入りしていたサービスの事業所は頻繁に入れ替わっていた。先方から「もう来るな」と追い出されることもあれば、「対応しきれない」と業者側が断ることもあった。

それでも懸命に御主人に尽くそうとする奥さんを心配し、相談に乗ろうとしたケアマネージャーさんに対して、

「あの人には私しかいないから」

と、最低限の訪問医療だけを依頼し、奥さんは誰にも頼らずに一人介護を続けたらしい。

続けて内臓系の疾患も発症した御主人は数年後に他界し、暫くは奥さん独りで暮らしていたのだが、一年も経たないうちに後を追うように病死された。

美談に聞こえなくもないが、実際には御主人の最期はかなり悲惨な状況であったという。

亡くなった御主人の身体は痩せ細り、全身には酷い床ずれだけでなく痣や火傷の痕も見られたのだが、「老老介護の限界だったのだろう」と、取り立てて問題にはならなかった。

だが実際には、御主人の病気が進行し、言葉を発することも物を掴むこともできなくなると、奥さんは態度を一変させ、積年の恨みとばかりに御主人の世話を死なない程度に放棄し、今まで受けてきた暴言や暴力の全てをやり返し、更には耳元で絶えず恨み言を呟き続けたという。

一時期そのお宅にヘルパーで入っていた、唯一心を許した介護士さんに、奥さんはそう告白して亡くなったのだそうだ。

その後、こんな噂が介護士仲間の間で囁かれるようになった。